你不知道的
加多宝

原市场部高管讲述　曲宗恺　牛玮娜　著

企业管理出版社
ENTERPRISE MANAGEMENT PUBLISHING HOUSE

图书在版编目（CIP）数据

你不知道的加多宝：原市场部高管讲述/曲宗恺，牛玮娜著.
—北京：企业管理出版社，2017.7
ISBN 978-7-5164-1521-4

Ⅰ.①你… Ⅱ.①曲… ②牛… Ⅲ.①饮料－食品工业－工业企业管理－经验－香港 Ⅳ.①F426.82

中国版本图书馆 CIP 数据核字（2017）第 115205 号

书　　名：	你不知道的加多宝：原市场部高管讲述
作　　者：	曲宗恺　牛玮娜
责任编辑：	张　平　程静涵
书　　号：	ISBN 978-7-5164-1521-4
出版发行：	企业管理出版社
地　　址：	北京市海淀区紫竹院南路 17 号　邮编：100048
网　　址：	http://www.emph.cn
电　　话：	总编室（010）68701719　发行部（010）68701816
	编辑部（010）68701638
电子信箱：	qyglcbs@emph.cn
印　　刷：	北京旭丰源印刷技术有限公司
经　　销：	新华书店
规　　格：	145 毫米×210 毫米　32 开本　7 印张　90 千字
版　　次：	2017 年 7 月第 1 版　2017 年 7 月第 1 次印刷
定　　价：	46.00 元

版权所有　翻印必究·印装有误　负责调换

受"少说多做"企业文化的熏陶,多年来大众很难看到真正关于加多宝内部的深度报道,了解的或是坊间传言、或是冰山一角。这究竟是一个什么样的企业,有着什么样的故事,在它成长中经历了哪些不为人知的抉择,这些很少有人讲得明白。

2012年,在中国饮料市场,加多宝就为所有观众上演了一出"变脸"奇迹。然而,对中国万千的食品企业尤其是饮料企业来说,加多宝的逆袭让它们更加迷茫了。所谓品牌、定位,这些在加多宝红遍中国时被外界奉为金科玉律的经验,在加多宝自我救赎中似乎都没有派上大用场。那么品牌、定位究竟重要不重要？决定一个产品成功与否的关键究竟是什么？

笔者在加多宝供职十年，曾担任过企划经理、推广经理和市场推广总监。为深度解读这一富有神秘色彩的企业，笔者及众多伴随加多宝集团成长的核心人士，在行业内首度全景式解读这一中国饮料市场的枭雄。我们无意探究广药和加多宝谁是谁非，也不想预测未来凉茶市场的格局，只是站在客观角度解读加多宝多年的成长经历，评述其独到的管理模式，介绍其诞生、成长到成熟的历程，给读者还原一个原汁原味的加多宝。或许读者能从中探寻到这个百亿级饮料企业在"狂风暴雨"之中岿然不动的根源（注：书中提到的加多宝凉茶即2012年5月之前市场上的红罐王老吉凉茶）。

全书分为三部分。

第一部分是本书的主体，主要介绍加多宝的诞生，以及它如何从一个蹒跚起步的小企业成长为具有综合竞争实力并令行业瞩目的大公司。其中讲述了"加多宝"名称的由来，各区域市场的攻坚之道，以及备受大众关注的夏枯草事件的来龙去脉和全新品类昆仑山的尝试。

第二部分介绍加多宝的市场推广和营销策略，以便给快消品行业提供值得借鉴和学习的宝贵经验，包括加多宝的广告投放原则、路径选择与框架建设、超级单品的取胜之道等内容。

第三部分主要记录笔者在加多宝的成长经历，具有一定的故事性和趣味性。不仅如此，部分内容还揭秘了当年加多宝是如何捐出1个亿用于赈灾的。最后对加多宝的近况进行了简单介绍。

在加多宝那些年的经历不仅成了美好的回忆，也激励着笔者在快消品行业砥砺前行。

曲宗恺

2017年3月

自序

  产生动笔写写与加多宝有关的那点事儿的想法很久了,却迟迟未能成稿,主要是修为不够,始终无法平复内心太多的争斗。这本书到底是什么定位?是一个企业或人物的传记,还是我个人的回忆录,抑或是那个团队的镜像?是专业探讨多点还是故事多点,是面面俱到还是聚焦说透;是把那些耳熟能详遍布网络的软文复述一遍,还是深挖内幕、八卦猎奇?不一而足。

  纠结,无法征服心性的贪婪;

  焦虑,时过境迁,应无所住;

  麻木,前路漫漫,不堪回首;

顿悟，凡所有相，皆是虚妄。

想用疏浅的文学基础表达一个企业和人的故事，原来如此之难，难在不能制心。

从一个现实的角度看，加多宝确实有波澜壮阔的风景，堪称传奇。

很少有企业有过山车一样的历程，从诞生至今可谓九死一生。九死一生，说来轻松，因为都已远去。回想起来虽然一身冷汗，但也只是内心的一点小小的波澜罢了。一般企业生死的经历不会太多，经历得多了也就淡定了、开悟了。

从人性的角度看，爱恨情仇、风起云涌不亚于故事会。

笔者有幸以局内人的身份见证了加多宝从零到百亿的过程，而笔者本人也从毛头小子成为中年大叔，把自己的青春和激情给了加多宝，也丰富了自己的人生经历。

加多宝20年的起起落落，同样也是"70后""80后"的青春畅想曲。从东莞到浙南、江西市场的艰苦拓荒，以及甚少被提及的茶饮料折戟的

自　序

过往，无数个岗位的不同面孔都曾经挥洒过同样的热血青春，收藏了数不尽的酸甜苦辣。那些曾经交际或谋面或未曾谋面的人，夹在无数是非的"局"内，随着岁月的推进，逐渐变得模糊，往事成云烟。一个成长起来的企业，确实会很大程度改变与它相关的人的人生。

从案例的角度而言，加多宝算是一个超级样本，各种方法得失值得琢磨推敲。

关于加多宝的相关事例，市面上已经汗牛充栋，各种讲坛及讲台也是百提不厌。确实，无论从成功学还是厚黑学方面，其作为一个逆袭型的企业案例有着独特的魅力。诚然，战略、策略或者某个战术、方法对于企业的成长或者成功有着不可或缺的作用，但这也仅仅是成就一个企业"木桶上的一块板"。

作为营销人，从梦想的角度出发，我也经历过如饥似渴读案例的过程，后来逐渐敬而远之了。我发现不是自身成长有多快，而是因为看到的案例套路都差不多，大部分只是停留在对表面现象的添油加醋，少有能够入木三分、客观独到。有时候多么想读读既有系统逻辑和方法规律，又有江湖情怀和奇闻轶事的案例，如历史名著般朗朗上口、脍炙人口的商业著作。不仅是企业管理理论教科书，还是一部"江湖史书"，它有血、有肉、有生命的温度，能够走下神坛，谈笑自如。如打坐观息、心如止水，又如降龙十八掌、形神合一。纵观加多宝的发展历程，它具备产生这类著作的基础。其实任何有所成就的企业，即使大成大败、大起大落，都有诸多值得品读参悟的人和事，乃至方法规律。

加多宝从创立新品类的最初实践，到明确产品定位和市场拓展；从立足广东、浙江、实施"三大战役"后全国开花，到转变品牌发展，其过程一波三折；从确立"三权分立"的企业内部管理体系，到4M管理标准的成熟运用。奠定了加多宝作为一家资产百亿元企业的内部基础，然而绝非外人所看到的营销上的大开大合。虽然央视夺标并成功冠名"中国好声音"，打造了企业知名度,但是受夏枯草事件的影响及和其正等追随者的崛起,仍然面对着内忧外患的市场局面。以特劳特和多宝咨询为代表的战略伙伴的智力支持、媒体公关的"长袖善舞"、终端客情关系的科学维系等,远不是几部浅尝辄止的书籍能够精准阐释的。各方合力共同推进加多宝的演变,写就了加多宝的成功秘籍。正如世界上不会有两家一模一样的企业,每个成功的企业肯定都有一本属于自己的秘籍。

张瑞敏曾说:"没有成功的企业,只有时代的企业。"成功,其实只是过去的现象,结果也只是过程中的一个节点。而对于企业经营者和深思企业发展进步的人而言,文字所表达的更多的是一种感悟。如果说有情怀,那就是希望能够通过剖析加多宝的发展历程,揭示中国企业和品牌的成长规律和方法。坦诚来讲,就是以人性化的感受与情怀,以职场中种种戏剧性故事为载体,书写一部有血有肉的企业案例。

无论是谁,回忆过去岁月的无数片段,总能

从不同的角度切入，其中的背景各不相同，但却相互纠葛、微细振动，随着时间的流逝已逐渐模糊。而每个陪伴加多宝成长起来的人，与所有在职场中沉浮的你我一样，也都有留下的记忆。

经典也罢，传奇也好，终归在历史长河中如过眼云烟。

相信同样身在江湖的你，一定能在这里找到自己的影子。

曲宗恺

2016 年 11 月

第一篇　加多宝的前世今生

第一章　诞生：加多宝的蹒跚起步 / 003

　　第一节　从个体户到凉茶大王 / 005

　　第二节　红罐王老吉的由来 / 010

　　第三节　温州市场的星星之火 / 016

　　第四节　新味为何折戟华南 / 030

第二章　发展：加多宝的取胜之道 / 043

　　第一节　江西，撕开防线的奇兵突袭 / 046

　　第二节　挖掘产品定位 / 049

第三节　做大做强"预防上火"的概念 / 052

　　第四节　深层的攻心之道 / 058

第三章　加多宝运营体系中的三四五 / 063

　　第一节　三权分立 / 066

　　第二节　4M体系 / 070

　　第三节　五种梯次市场 / 076

　　第四节　加多宝的渠道策略 / 080

第四章　成长：打造中国的"可口可乐" / 085

　　第一节　加多宝的竞品防御战 / 087

　　第二节　战术上的竞争 / 092

　　第三节　综合实力的较量 / 095

　　第四节　全新品类：昆仑山 / 098

　　第五节　百密终有一疏 / 104

　　第六节　2009年，夏枯草来势汹汹 / 107

第二篇　向加多宝学什么

第一章　加多宝的营销战略 / 115

　　第一节　广告投放的原则 / 117

　　第二节　路径选择与架构建设 / 121

第三节　亿元级企业需要克服
　　　　　　哪些问题 / 131
　　第四节　关乎企业灵魂的五个假如 / 134
第二章　超级单品的取胜之道 / 139
　　第一节　饮料新品成活七律 / 144
　　第二节　饮料行业的现实与未来 / 156

第三篇　我与加多宝的十年

第一章　初入加多宝 / 161
　　第一节　与加多宝结缘 / 163
　　第二节　有所作为 / 167
　　第三节　东莞豪情 / 172
第二章　英雄不问出处 / 175

第一篇

加多宝的前世今生

第一章
Chapter 1
诞生：加多宝的蹒跚起步

第一章

诞生：加多宝的蹒跚起步

第一节　从个体户到凉茶大王

从凉茶品类的创立，到 30 年凉茶专业化，实现了 200 亿元的销售额，并逐步走向全球，这是凉茶品类做大做强的成功之路。作为中国饮料行业的一个经典案例，加多宝的发展跟随着改革开放 30 多年的脚步，也是中国经济发展的缩影。加多宝的创始人，陈鸿道先生对经营企业有一句颇有禅意的表述，即"做企业就是做取舍"。加多宝的发展历程实际上也是在不断取舍中寻求适合企业的发展之道，适应市场的创新之道和聚焦之道。

改革开放以后，陈鸿道是中国最早尝试做饮料的先行者。他经历过香港饮料市场的专业洗礼，这也为后来加多宝一系列关键决策的实践和理论奠定了基础。作为加多宝的掌舵人，他伴随着加多宝的发展与进步，也见证了中国饮料市场的成长，并成了影响中国饮料行业的特立独行的人。企业创始人的文化积淀就是企业文化的重要组成部分，陈鸿道高调做事、低调做人的行事风格，直到今天都是加多宝的企业文化。

在加多宝内部，人们习惯称呼老板陈鸿道为陈生（以下统称陈生），这是广东话里对男士的敬称。陈鸿道出生于广东省东莞市长安镇，他和饮料的缘分也始于这个地方。

俗话说："日啖荔枝三百颗，不辞长做岭南人。"而荔枝却是容易引起上火的水果。广州春夏长、热气重，所以需要凉性饮品去中和。当地家家户户都会喝的凉茶，实际是一种热饮，更不是茶，而是一种苦涩的中草药熬制成的汤剂。凉茶在广州有200年历史，有加多宝、小儿七星茶、潘高寿、陈李纪等数十个大大小小的品牌。

20世纪80年代中期，陈生在香港开设一间饮料批发部，代理亚洲知名饮料品牌——杨协成，经过了十年兢兢业业的积累与摸索。如果说老板的格局是天生的，那么在饮料这个行业绝对不可能有天才。而能够在饮料市场上有所成就的人物，都是踏实、勤劳、毅力超群的人。陈生逐步认清了国内饮料市场的格局，也意识到了如果没有自己的品牌，未来发展有多么艰难。于是在他内心深处，埋下了打造中国饮料品牌的梦想。

而这个梦想也是那一代中国业界精英的梦想。因为中国的小孩一直喝着国外可乐长大，但中国作为饮食大国，却没有代表性的饮品。娃哈哈、蒙牛、养元等如今大名鼎鼎的品牌，也是源自那个时代的梦想，一点一滴蹒跚起步。

当时，可口可乐已随着中美建交重新回归中国市场，在20世纪90年代风靡全国，成为最畅销的饮品。而广东作为对外开放的窗口、发达的桥头堡，出现了一批国内饮料品牌的探路者，例如，健力宝在1984年洛杉矶奥运会曾红极一时。1992年，在邓小平南方谈话后，广东的市场经济也随之一片沸腾，华为、联想、小护士、步步高等在东莞崛起，一批全国知名品牌就此诞生。这些都深深鼓舞了青年时期的陈鸿道。

他将目光瞄准了凉茶。彼时，王老吉还是广药集团的老大难品牌，连年业绩倒数第一，工资都发不下来。经过艰苦的谈判，陈生前后与广药集团签署了20年的品牌租赁合同。但当时租回来的，只有"王老吉"这三个字。他也曾收购东莞罐头厂（改名为鸿达食品饮料有限公司），生产了最早的自创品牌——鸿道八宝粥。然而消费者并不买账，所以八宝粥的销售量一般，鼎盛时期也只有三四千万元的销售额。深知自创品牌艰难的陈鸿道，终于下定决心经营"王老吉"凉茶：改良配方、设计包材、建立市场渠道、筹划推广、剑指全国。

于是，一款拥有200多年历史的古老中药，终于被装到现代饮料的罐子里。它既有凉茶的成分，又去掉了苦涩的味道。第一家工厂建成之前的加多宝主要以OEM（贴牌生产）为主，处于由批发商向厂商转型的过程，同时也努力从一家贸易企业转型为品牌运营企业。

1996年，红罐凉茶正式面市。

第二节 红罐王老吉的由来

20世纪90年代的企业家,很多时候即使是做重大决策,也基本靠拍脑袋,因为没有任何数据支撑与经验指导。最初对于红罐的设计、容量、颜色和包材等,都是莫大的挑战,没有前车之鉴,完全是"摸着石头过河"。

从技术上看,凉茶属于草本饮料,灌装不到位会引发沉淀。当时健力宝的两片式罐样都需要进口,因国内没有其他加工厂能做。加多宝集团只能退而求其次,部署三片罐生产线,以330ml铁罐为基础包材。此后,有很多饮料企业模仿加多宝用马口铁三片罐包装,这其实是一种傻大粗笨的包装方式，用铁罐包装草药汤更是不可取。可是，很多追随者都相信消费者可能更喜欢铁罐包装。其实，选择铁罐包装是因为当时太穷了，迫不得已做出的选择。众所周知，现在加多宝有钱了，便开始全面改用铝罐包装。

确定铁罐包装之后，设计就是重中之重。当时国内广告业还未起步，一些国外的大牌设计师虽然名头响亮，但对中国文化理解不深，设计做了上百稿也难以令团队成员都满意。而大家内心也都知道，这样重大的决策还是要由陈生来拍板。

1992年正月二十八，陈生初次在普陀山听高僧讲经，随后就确定了红体黄字的包装样式。个中缘由虽未听陈生详述，但还是流传着这样的说法：即红体黄线，与僧人袈裟的色彩相仿，王字在上，暗黑的字体，寓意虎斑，红虎下山，是种独特的勇士形态象征。

广药集团的绿盒凉茶和红罐凉茶形成了最直观的差异，虽然都是一个销售团队在运营，销量却完全不在一个档次。按理说，绿盒更符合"怕上火"的定位，因为绿色代表植物和清凉，并且绿盒的性价比更高，包装形式也更安全。可是，绿盒的销量偏偏就赶不上红罐。吉庆内涵当然是和"红罐装潢"黏合在一起的，因为大红底色加上讨喜的商标名字，能迎合喜庆的氛围。不论是探亲访友，还是欢聚时分，来一罐吉祥的饮料，真是万千祝福尽在不言中。

产品精神形态的包装体，到底是好看的、有销售力的还是系统化集成度强的包装，甚至是个人情怀的展现？今天在各种设计与生产技术快速进步的时代下，仍处于取舍与纠结过程中。做饮料，包装创作是非常痛苦的过程。能否成为超级产品，包装是它迈入江湖的第一步。它不仅代表一种创意，更代表了产品起源的历史背景和时代愿景。总之，这发源于深厚中国文化的衍生再造。

加多宝呱呱坠地，但它依然是个襁褓婴儿，很多人把它当作笑话。第一个笑话它的是传统的广东人，他们认为这是一个不伦不类的东西，既非药又非饮料。广东以外的人看它又土又茫然。

第一章
诞生：加多宝的蹒跚起步

在所谓的专家眼中，它没有市场机会，是出街即死的东西。但这毕竟是陈生的第一个突破之作，尽管是别人的孩子，尽管品牌是租来的，但是他历经沉淀、百般奋斗凝聚而成的。在同时期内，中国本土的健力宝、旭日升、娃哈哈和乐百氏等都在高歌猛进。李经纬和何伯权，作为朋友，陈生见证了他们的兴衰成败，却也烙印在自己的身上。不善言语的陈生虽然始终未有表达，但在这个产品推向全国的时候，既雄心壮志，又忐忑不安。这是每一个英雄人物在关键时刻做出的抉择，又有几个人能够读得懂呢？

所以王老吉的第一支广告没有任何旁白，只一句话："凝·聚，天地正气，万物滋生。"这句话充满中国风的写意情怀。红罐王老吉勇敢地跨出了第一步，并迅速扩展至全国。

幸运的是，在发源地市场，红罐就像是一个天生会走路的小孩，尽管没有生动的陈列，也没有铺天盖地的广告，却能在终端自然动销。喜中有忧的是，虽然在全国所有省会城市都有布局，可地域性极强的加多宝凉茶,在外埠市场几个月来纹丝不动,陷入胶着。陈生果断决定放弃全国市场,只保留广州、温州和成都市场。收缩、聚焦、小范围地市场耕耘,加多宝开始了最艰难的一段岁月。

广东是凉茶发源地,形成了典型的即饮型市场,很少有人拿凉茶当礼品送人,所以产品要想存活,就要靠铺货的深度取胜。在当时物流不发达的时代,车销就是最有效的手段。陈毅曾说过:"淮海战役的胜利是人民用小推车推出来的。"无独有偶,加多宝最早在大本营东莞能立足,也是靠一辆小四轮货车。如果当时虎门恒益的谢展鹏没有把手中唯一一辆小货车配给加多宝,那么这个今日的饮料巨无霸可能真的会被扼杀在摇篮里。一周三天车销,剩余时间用电动三轮车穿插送货,谢展鹏用当时最"先进"的配送手段帮助加多宝度过了最危险的"婴儿期"。

红罐王老吉的诞生过程,不仅是一个产品的诞生,同时伴随着这个产品的运转体系,既有客情维系和市场营销架构组建,又有生产流程和资本运作的基础体系。但由于种种历史原因和各方面短板的制约,发展的过程一点也不顺利:后有追兵,前有堵截;既没有国际化资源又没有出身名门的大牌经理人;又因为非国企背景,在本土企业面前只是一个小喽啰——除了一份情怀,面对尚不稳定的根据地市场,一无所有。

第三节 温州市场的星星之火

出击全国溃败后,在总结经验教训时,意外地发现王老吉在温州十分受欢迎,这引起了内部员工的高度重视。经过市场调研发现,王老吉这一产品天生就有着适合温州市场的各类属性。

大多数的温州人对王老吉的喜爱完全出于潜意识。"怕上火,喝王老吉"这句广告语在今天已经家喻户晓,但很少有人知道,在产品面世初期,加多宝集团为这一产品打造的广告语为"天地正气·王老吉"。就是这句广告语,触碰到了温州人民最脆弱的神经。

在改革开放初期,由于市场体系不规范,加

第一章
诞生：加多宝的蹒跚起步

上个别商家不道德经营，温州在很长一段时间里被误解为假货之都。由于劣质鞋引发的信任危机在全国蔓延，温州人从骨子里渴望被认可。王老吉早期的广告语"天地正气·王老吉"刚好迎合了这种"认同感"，让温州人从潜意识里对这个包装稳重、价位适中、口号响亮的饮料产生了好感。

这一巧妙的结合点帮助王老吉在温州市场完成了利用广告"硬攻心"的任务。但这种"好感"仅是一种巧合，仅代表了温州区域市场在某一阶段的喜好。市场并非一成不变，我们无法保证这种喜好能够持续多长时间，并且作为一个特例，温州模式无法作为一个样板市场复制到全国。

看准机会的陈生，对温州市场开始了无孔不入的广告宣传。那时互联网还没有普及，王老吉几乎全面覆盖了温州电视台及各县级电视台广告。高频次的广告使得很多温州人认为王老吉是温州的品牌。王老吉在全国为数不多的一点星星之火，借一阵春风拂过，开始烧了起来。

此时的温州市场由于股份制模式的推进激发

了商务往来，餐饮业也随之崛起。而温州人传统、爱面子，各种大大小小的高消费宴会层出不穷，这个高消费的市场成为王老吉区域市场增长的重要机会点。如何以宴会为突破口攻占温州餐饮市场？这是王老吉亟待解决的又一个"节点"问题。温州宴会类型林林总总，不能再继续此前"进军全国"想一口吃成个胖子的错误规划，而应该通过对其细分，根据不同类型的宴会制订有针对性的主题，挨个集中突破温州人的心理防线，将加多宝融入他们的传统文化中。

1. 婚宴

首先是规模庞大的婚宴市场。婚宴首先要讲究喜庆、吉利，还要有排场、有档次。"王老吉"的产品名称和外形包装就已经符合了最基本的心理预期。因其纯正的中国红、大气的金色字体，既显档次又饱含喜庆气息，价格定位也在可接受范围内，这些元素满足了获得婚宴"入场券"的基本条件。为了紧密配合这个具有特殊意义的主题，王老吉将广告语提炼为"吉庆时分王老吉"，

第一章
诞生：加多宝的蹒跚起步

从空中全面配合地面进攻，最大限度地使消费者从心理上接受并认同"王老吉"与"喜庆、吉利"是对等的价值观。王老吉不论是产品本身还是给它赋予的特殊意义，都对婚礼起到了锦上添花的作用。放眼望去，婚宴现场满眼喜庆的红，不仅排场大，还附带"预防上火"的功能，既满足了心理需求又满足了功能需求，何乐而不为？经过细密规划下的深度渗透，王老吉顺理成章地与中华、五粮液并列成为温州婚宴必备的"三红"，品牌价值得到极大提升。

在销售终端的动销上，公司采用了凭结婚证每桌赠送十瓶王老吉的促销策略，轻松规避了酒店进场的刁难，悄无声息地跳到了喜宴的餐桌上。这种做法看似疯狂，但相对容易掌控。除了赠送品外，每桌都有额外消费的王老吉。这一战略在迅速切入婚宴市场的同时，不仅没有损害利益，也赢得了青年消费群体对王老吉极大的信任。

通过总结第一阶段攻克婚宴的经验，公司认为，对不同场景下的消费人群，要针对性地迎合其独特的消费心理。首先，就要了解这个场景下的消费者的喜好是什么？最根本的心理需求是什么？通过探索消费者最深层次的价值需求，与之进行有效的互动沟通，逐步攻占消费者的心智，逐渐让他们在心里"喜欢"并最终"爱上"。想让消费者彻底爱上这个产品，存在一见钟情的可能性，但概率少之又少。消费者是一个具有独立价值观的群体，需要被尊重和被认可，而不要企图去改变他们固有的价值观，对于传统的温州人而言更是如此。当产品的品牌价值与消费者的心理价值达成一致时，才能自然而然地成为其心中的最佳选择，双方的关系才能更加持久稳定，这也是中国人千百年来所遵循的"门当户对"的道理。

2. 谢师宴

中国素来有尊师重教的传统，在温州，这一传统保持得非常好，公司决定重点开发谢师宴这个大市场。但谢师宴的时间一般都集中在每年的七八月份，如果仅在这一阶段集中发力，剩下的

第一章
诞生：加多宝的蹒跚起步

大部分空档时间将会稀释其影响力，此前的工作就相当于白费力气，这是营销中的大忌。对于这种某段时间内集中出现的现象，就要有与之相对应的长期的主题活动。与谢师宴紧密相关的主题当然是教育，但教育是十分严谨的领域，必须是不浮夸且脚踏实地对教育有益的活动形式。为此，公司启动了"学子情"计划，对温州当地品学兼优的大学生进行资助，以公益的身份顺利切入教育领域，并成功进入谢师宴的市场。

公益活动是企业回馈社会、表达爱心的方式，也是一种十分有效的营销手段，在帮助受益人群圆梦的同时也能增加品牌的社会影响力。教育和公益都是需要用"爱"浇灌的事业，从来都是紧密相连且密不可分的，以立足公益的方式建立起与教育的联系是一个很好的切入点。这是一个潜移默化以"情"动之的过程，相同的价值认同感使双方在这种联系中自然而然形成了"交心"。当"信任"的桥梁搭建好之后，位于桥两端的企业与消费者就已经形成了稳固的关系。公益是一个可以长期进行并具有重复性的活动，不存在资源浪费的情况，影响力也相对持久，不论是对社会还是对品牌本身都是双赢的模式。

谢师宴围绕的主题是"感恩"二字，"学子情"计划也立足于这个关键点。如果说婚宴中打的是"技术牌"，那么谢师宴这个主题打的就是"情感牌"。常言道，与"感情"相关的事都是急不得的，需要长时间培养。如果双方在某一段时间内不联系，就会产生情感间隙，感情就会慢慢淡了，此前建立起来的感情基础也会轰然倒塌。相较而言，重新建立联系的成本往往会高于持续维护的成本，且效果不一定好。公司很清楚这个道理，在这一点上做得非常好，"学子情"计划从启动至今从未中断，内容也在不断丰富，悉心经营这一段"感情"得到的回报也非常丰厚。

从时间上看，中秋前后，谢师宴在拉动宴会消费的同时，也为产品在中秋馈赠市场的火爆奠定了基础。中秋的着眼点是"团圆"与"家庭"，再往后延伸到中国人最重视的春节，核心是"吉祥"与"团圆"。这两个主题有共通之处，都是以"情感"为联系，可以借鉴"攻打"谢师宴的手法开展情感攻势。王老吉针对这类特别节日打造对应的礼盒装，配合"买王老吉，中大奖"的活动，奖品丰厚，喜庆又吉利。消费者都有"贪小便宜"的心理，在丰厚奖品的刺激下，总是会在无形中增加消费者对产品的关注度及其购买的概率。再加上王老吉的口味和预防上火的功能老少皆宜，非常适合全家人一起分享，送礼或自家饮用再合适不过了。温州人又十分重视家族传统，这类节日都热闹非凡，非常隆重，配合在团圆时刻让全家齐分享，其乐融融。这种消费形式不仅拉动了将王老吉作为礼品馈赠的市场，也把消费场景逐渐转移至家庭中。

3. 家庭消费

当所有人都觉得餐饮将成为公司的支柱渠道，并想将温州模式复制到全国的时候，一个奇怪的现象出现：在公司市场部的报表中温州市场整体体量不断扩大的趋势下，餐饮消费出现增长停滞，甚至有些地方出现了下滑。是市场调查出了问题,还是市场真的有了一些新的动向？经过反复调查核实,公司发现,市场调查的数据没有问题,一大部分的加多宝开始从餐饮企业流向家庭。也就是说,推动温州市场业绩上扬的根本在于家庭消费开始起增。

在公司看来,王老吉在初期走进家庭完全是无意识的,是自己长腿走进去的,根源在哪？至今也是说法不一,有人认为是餐饮消费的市场教育；有人认为是包装形态；有人认为是口感。但这已经不重要了,如何摆脱无意识状态,让人们开始有意识地消费王老吉才是当务之急。

优秀的营销团队善于发现市场动向,并能够根据新的市场动向快速反应,做出政策调整。如果加多宝执念于餐饮市场,那么直到今天或许也走不出温州。在发现家庭消费可能是巨大蓝海的时候,加多宝迅速调转车头,今天看来简单的调整在当时却冒着巨大风险。相较而言,家庭消费更加随意,不受时间与地域的限制。

第一章
诞生：加多宝的蹒跚起步

作为一个小群体，不同的家庭之间都具有相似的组成结构和价值需求，消费模式更具有普遍性和可复制性。

"健康家庭、永远相伴"成了这一时期加多宝的宣传语。对于家庭来说，最根本的价值需求是什么？那就是家人的健康、家庭的团圆，从而有了这句广告语。前期的"陆空夹击"使消费者已经熟悉了产品"喜庆、吉祥"的属性，如何将新概念快速植入这个庞大的消费人群？加多宝采用了更"深耕"的方式，即挨家走访、影响到户。家庭都是以社区为单位分布，与家庭接触最多且最让家庭熟悉并信任的当属社区居委会，与居委会联合开展主题活动，可以直接接触并影响每一个家庭。这样的合作方式不仅有利于丰富社区文化，还大大节约了主办方对活动投入的人力和时间。

但家庭走访的形式始终存在障碍，因为每一个家庭都是一个小群体，自我保护的意识较强，对家庭以外的成员都会有一定的戒备心理。如何将主打的"健康"概念顺利送入家庭中,并使他们对此产生好感,这也是一个巨大的挑战。如果仅以广告的形式传播,一般人都会产生抵触心理。加多宝将活动主题定为"送吉祥",让居委会对小区住户进行挨家挨户走访,寻找家里是否有"吉元素"(包括产品、空罐等),一旦发现,当场赠送六瓶凉茶。这一举动深受消费者的欢迎,并迅速成为社区讨论的热门"话题",同时配合电视、报刊等媒体攻势,在温州引起了极大的反响,推动了一股抢购的狂潮。这一活动不仅使消费者形成了"'送王老吉'等于'送吉祥'"的认知,并将"健康家庭、王老吉与您相伴"的概念深深植入消费者的心智中,成功完成了从餐饮市场到家庭消费的转型,这为产品重新进军全国市场奠定了良好的基础。

通过激发宴会市场,从而让在餐桌上饮用王老吉的概念深入人心,并逐步流向家庭,我们将其总结为"软攻心"阶段。这一发展的过程中,公司保持了平稳有序的节奏,但市场机会随时都

第一章
诞生：加多宝的蹒跚起步

有可能产生变化，"攻心"的理由最终也会随着时间推进而改变，这就需要我们密切关注市场动向、顺势而为。

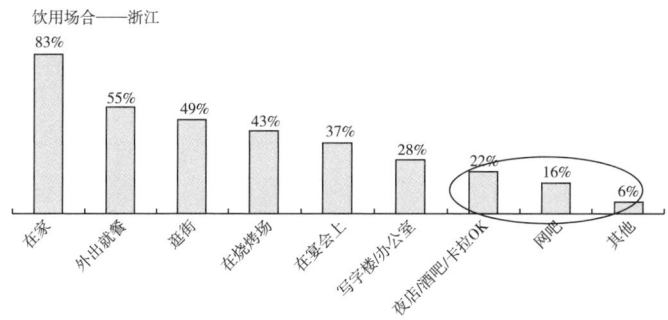

图1-1　浙江消费者饮用场合数据

如图1-1所示，通过对同期浙江地区消费者饮用场合的数据进行分析，家庭消费已经成长到稳居第一的位置，有力地肯定了前期的"攻心"成效。数据结果中需要重点注意的是夜店、酒吧、卡拉OK及网吧这一类休闲娱乐场所，人群流动非常频繁且高度集中，但王老吉的饮用占比非常低，属于相对空白的市场。这一类场所人群年龄分布大致集中在18～30岁，饮用习惯比较随大流，夜店、酒吧、KTV都以传统的酒类饮品为主，而网吧消费一般取决于陈列架上最常见的产品。从上述数据中我们可以看出，除餐饮场所外，逛街随机消费和办公室饮用都占了较高比例，说明消费者喜欢王老吉，我们只需对特殊场合的消费者进行有意识的引导，让他们从心理上认可"在这里喝王老吉也是一件正常且时尚的事情"。

最有力量的传播，不是滔滔不绝、口若悬河，而是一语中的。

当我们醉心于定位、广告、促销、整合这些技术性工作时，会发现工作越来越难做。投入高、产出少、业绩压力大，究其根源，不是工作做得不到位，也不是因为竞争太激烈，而是因为我们是在"攻城"，并没有"攻心"。

自从2003年首次提出"攻心为上"的思路以来，公司一直坚持不懈地摸索完善"攻心"的策略，逐渐建立起成熟的"攻心"战略体系，将"攻城"和"攻心"有效结合，营销进入"攻心"时代。此处之"攻"非进攻的意思，而是影响和教育，"心"也不是指心脏，而是对某种事物的好恶。

最早的兵书《军志》有"夺人之心"的记载,三国时期马谡提出"攻心为上,攻城为下"。战争时代,"攻心"是为了正中敌人罩门,找出对方的恐惧和需求,利用软硬攻心战术,达到"不战而屈人之兵"的目的。同样在现代营销学中,"攻心"首先是决策思维,"因其所喜,以顺其志"乃"攻心"之核心要义。所谓"得民心者,得天下",就是要让消费者在第一时间对产品产生第一印象,并在潜移默化中形成"习惯"性重复购买。

第四节　新味为何折戟华南

胜利会让人丧失理智,温州市场的意外成功让加多宝开始有点飘飘然了。在很长一段时间里,他们都没有正视温州市场成功有其自身独特性,在没有找到一套适合全国市场的战略之前,加多宝就开始了盲目扩张。况且加多宝的扩张并非是扩展现有的市场布局,也不是延伸红罐王老吉的产品线,而是推出了自己的茶饮料"新味"。这其中有很大一部分原因是现有凉茶产品毕竟是"别人的儿子",加多宝更迫切希望推出自己的品牌。

康师傅和统一先后于20世纪90年代末进入茶饮料行业,为了绕过旭日升冰茶的品牌壁垒,

第一章
诞生：加多宝的蹒跚起步

两大企业相约以"冰红茶"为产品概念对旭日升的"冰茶"进行品类区隔，同时在产品的口味上做了较大的改善，即加入了柠檬口味，使冰冻后的产品口感更好。经过几年的市场开发，到2001年夏天，康师傅和统一两大品牌的茶饮料红遍大江南北，而康师傅冰红茶在华南市场更是如日中天，广东的某些城市甚至把此前一直占领软饮料霸主地位的百事可乐和可口可乐挤下神坛，成为当地销量最好的饮料。当时市场上的茶饮料还有众多其他品牌，如茶字典、康利等，甚至可口可乐公司也推出了阳光冰红茶来分食这块蛋糕。

对此，新味的决策层决定走差异化路线，以高端路线进行突围。当时康师傅和统一的茶饮料市场零售价大致为2.8～3元每瓶。而新味将冰红茶和绿茶的市场指导价格定为每瓶3.5元。

加多宝陆续推出红茶、绿茶、乌龙茶等多款茶饮料，在华南市场开始和康师傅、统一等饮料巨头展开正面交锋。客观地讲，加多宝茶饮料也曾一度辉煌，在2002年的东莞、深圳两地达到顶峰，销售额直逼华南市场茶饮料第一品牌的康师傅。然而到了2003年，由于受"非典"影响，功能饮料销量开始攀升，作为概念饮品的茶饮料销量持续下跌。加多宝旗下的冰红茶、绿茶销量更是下跌惨重，旺季销量也不到10万箱/月。再加上"再来一瓶"高中奖率的拖累，彻底拖垮了加多宝的茶饮料。2003年以后，从诉求"从来佳茗似佳人"到"喝出真茶味"的加多宝茶饮料逐渐淡出市场。

失败的经验，比起成功的赞词，更具有教育意义。笔者归纳了以下几点原因，供君思考。

第一，新味的高端品牌定位和价格策略是否得当？

市场营销理论告诉我们，在没有明显差异化的前提下，消费者往往以领导品牌为标准来定义同一类型产品的普遍特性，包括价格、口味甚至包装，这就是领导品牌"先入为主"的优势。所以，在康师傅和统一已经相对垄断茶饮料市场的背景下，其口味、价格、包装等产品符号已经成

第一章
诞生：加多宝的蹒跚起步

为行业标准。在这种情况下，新味茶饮料没能提供高于两大品牌的品牌附加价值（事实上，新味公司一直在努力，试图从产品本身、品牌传播上找出超脱于康师傅和统一的附加值。遗憾的是直到2003年，消费者也没有看到任何有说服力的产品附加值诉求。从产品力角度而言，新味茶饮料无论从口味上还是包装价值感上，均未能很好地体现出高于两大品牌的附加价值），却持续以高于市场公认的价格出售产品，难以被消费者接受。

在销售执行上，新味把现代渠道作为品牌展示的良好舞台，以高昂的陈列费用为代价，维持超市必要的陈列面。但在众多的传统士多（杂货店，方言）面前，新味有限的销售费用明显无法长期支持其良好的陈列。如果说在现代渠道作为经济个体的超市可以以企业提供长期陈列费用来抵消新味茶饮料销售不畅通的利润损失，那么数量众多、同样作为经济个体的传统士多却无法长期以陈列费用来维持。快速消费品的营销规律表明，在初期强大的通路促销的支持下，新生的品牌可以被陈列在最好的位置，一旦这一品牌不被消费者认可而滞销，那么商家就会选择降价或撤柜。事实上，新味茶饮料后期铺货率困难的原因就在于此。

另外，在消费者的心智中，现代超市和传统士多有明显的区别，就是超市是以薄利多销来获得利润，所以它的价格总是低于传统士多的价格，对于价格弹性高的快速消费品更是如此。但是，消费者此时却看到一个很奇怪的现象：超市的新味茶饮料价格高高在上（3.5元/瓶），而一般士多的价格却被贱卖到2.5~3元/瓶。因为超市的价格可以被厂家控制，但士多的价格却不能，所以士多的价格就是这个品牌在消费者心中的实际价格。从这个层面上来说，新味的高端产品定位已经失败了，其高端的价格策略也已经失败了。

作为一种冲出品牌包围的策略，走高端的差异化路线并没有错。但品牌高端化有很多先决条件：一是该品类市场并没有出现相对垄断的品牌，或消费者心中对该品类有差异化的需求；二是必须提供较高的品牌附加价值，而且这些品牌附加价值必须是消费者所需要和能接受的，并能很明显地感受到；三是必须有高端化的品牌传播方式。

第二，持续且过高的"再来一瓶"中奖率，是否透支了品牌生命？

2002年夏天，新味茶饮料在华南茶饮料市场上是一个耀眼的品牌，其在深圳、东莞市场上销量直逼处于霸主地位的康师傅茶饮料。同年，新味茶饮料凭借"再来一瓶"高达70%的中奖率吸引了大批的消费者，部分零售终端一度脱销。但是这种促销方式隐含着极大的风险，新味在2003年为此付出的代价足矣证实这一切。

"再来一瓶"是统一于2001年率先推出的一种开启瓶盖直接兑奖的促销方法。它利用即买即奖、现场士多兑奖的方式，极大地方便了消费者。该方法推出后，立即受到消费者的热烈欢迎。同年，康师傅加以模仿，针对易拉罐产品推出"随手一开，冰力再来"的活动，也获得极大的成功。

但新味公司在执行"再来一瓶"策略的时候

忽略了一个重要因素，即在照顾消费者购买热情的同时，也要照顾通路的利润。由于"再来一瓶"的火爆成功，新味决策层错误地认为应该乘胜追击。于是，新味决策层并没有控制中奖率，而是持续维持高中奖率的战略规划。

前文已经提到，作为经济个体的零售终端，尤其是小本经营的传统士多，具有资本一样的逐利性。和现代超市不同的是，超市可以凭借其他产品获得利润，甚至可以牺牲某个系列品项的利润来获得消费者的青睐，从而利用其他品类的收益来平衡整体的利润。而传统士多的小本经营，决定了经营者会计较短小的经济利益。过高而持续的中奖率，会吸引消费者只购买这个产品，而在兑换奖品的过程中平均每瓶的收益（每收集一定数量的中奖瓶盖，厂家返利饮料一瓶）却远远低于卖一瓶所获得的利润，这样通路就会反弹。所以，康师傅和统一在进行"再来一瓶"的过程中很好地控制了中奖率，从初期高达70%的中奖率慢慢递减到不足10%的中奖率。在传统士多通路开始意识到影响利润的时候，消费者中奖率已经滑落到最低，兑奖活动也接近尾声。

在新味进行持续高中奖率的后期，部分传统士多已经拒绝进货，理由是"没有利润，还要倒贴冰箱的电费，还挤占了利润高的产品的陈列位置"，这是新味策划此活动时没有预料到的结果。同时，过高而持续的中奖率使消费者认为，新味就是一个靠高中奖率来销售的品牌，这样的消费者观念就是新味品牌始终无法高端化的一个明证。

消费者对"再来一瓶"的热衷使新味茶饮料的销量一度大幅上扬，也使新味公司决策层错误地对新味2002年度销量做了非常乐观的预测，从而准备了大量的库存以备市场需求。但随着通路的反弹和消费者热情的降低，以及后来华南天气的改变，到11月份的时候，新味茶饮料销量大跌，这种状况一直持续到2003年夏天。大量的库存开始成为公司的巨大包袱，几乎整个2003年夏天，销售队伍都在为清理库存而努力，针对旧货发动了大量的通路促销活动。

于是，市场的多米诺骨牌效应出现了。一方面，通路非常依赖促销，对于促销有很强的预期，一旦促销停止，通路进货也停止，只能一而再、再而三地进行通路促销。另一方面，大量的通路促销使得通路对旧货的进货成本很低，"劣币驱逐良币"，新味的新装茶饮料被深藏于柜台内，公司针对新品推出的一系列促销活动由于铺货率的低下而大打折扣，期待利用新品开拓市场的梦想最终成为泡影。

"再来一瓶"作为一个提高消费者试饮的策略，在产品传播初期可以很好地利用，取得第一波的试饮效果后应逐步降低中奖率，以免陷入"促销过度"的陷阱。目前，有不少消费品给消费者的感觉是常年在做促销，几乎每时每刻都可以看到它在零售终端的促销信息。殊不知，这种品牌给消费者的感觉是始终存在降价机会，甚至是代销品牌。比较灵活的促销是间断性的促销，而且要不时改变促销方式（比如，奖品的更换），这样既给消费者新鲜的感觉，同时又不会使消费者对品牌产生低端化的看法。

第三,"真茶味"的品牌诉求是否失误?

在经历了2002年的销售高峰后,新味公司调整策略,决定避开冰红茶市场上康师傅、统一太过强势的势头,重点推广旗下的绿茶产品。推出了以"真茶味"为主要诉求点的绿茶广告,力图从产品品质上突出绿茶,从而突破康师傅和统一联手铸就的茶饮料屏障。

从行销理论来看,这种"攻其不备,侧翼突围"的方法不无道理。但是,"真茶味"真的能体现出新味绿茶区别于其他品牌的品质特点吗?笔者认为,从品牌行销的角度看,任何一个成功品牌的产品概念都必须包含下面三个要素。

(1)需求或态度描述——主要描述消费者的需求、信念或态度,并引起消费者的共鸣,为引出产品利益做铺垫。

(2)产品利益——描述产品可以帮助用户解决问题及带来的相应利益,引起消费者的购买欲望。

（3）独特的利益支持点——具体描述产品特点、作用、原理等支持产品利益的依据，让用户信服。

我们可以从康师傅冰红茶来分析以上三个要素。

（1）需求或态度描述——炎热的夏天需要一个清凉解渴的产品，最好是冰的。

（2）产品利益——喝康师傅冰红茶能满足你清凉解渴的需求，而且是冰的。

（3）独特的利益支持点——由于它的成分里含有柠檬酸，所以在冰冻后给你冰凉解渴的感觉。

如果我们用上述分析方法来分析新味绿茶的"真茶味"，很遗憾地发现在独特的利益支撑点方面，新味绿茶无法站稳脚跟。新味有的康师傅和统一都有，尽管从口味测试方面看，新味绿茶与康师傅和统一相比并不逊色，但"真茶味"给消费者的感觉只是"茶味"而已，并不能说明新味绿茶是真材实料。而在"真茶味"方面，康师傅和统一已经做得相当好了，以"真茶味"作为品

第一章
诞生：加多宝的蹒跚起步

牌诉求点，并没有使新味绿茶从康师傅和统一两大品牌中突围出来。

其实，对康师傅和统一来说，绿茶始终是战略产品，绿茶的口味特点（和冰红茶相比不是很好）决定了绿茶是慢热的产品。谁也无法确定消费者什么时候能像当初接受冰红茶一样接受绿茶。尤其是康师傅，在大力经营冰红茶的同时，为了维持其即饮茶饮料市场的第一品牌地位，出于维持产品利润和产品线经营的考虑，也曾对绿茶做过大规模的推广。同时为了从品相上丰富绿茶的产品线，先后推出了冰绿茶和梅子绿茶，虽然效果不是很好，却丰富了康师傅作为茶饮料霸主的产品线和品牌内涵。

由于品牌诉求的失误，其他品牌推广方面就不赘述了。

任何成功的品牌诉求，都必须建立在成功的产品概念基础上。这个产品概念，必须尽量独特于其他品牌的产品概念，具有消费者真正需求并且能够感受到的区别于其他产品的独特利益。而这个品牌诉求，正体现了品牌所依附的产品概念，尤其是产品的利益支撑点。

茶饮料的失败却成就了红罐王老吉日后的火爆。一方面，看到了王老吉在功能性饮料市场的无限潜力，从而坚定了利用单一品牌突围的决心。另一方面，失败让企业认识到必须尽快找到适合全国的产品定位和市场模式，"鸡蛋都放在一个篮子里始终非常危险"。就在这时，加多宝一边摸索适合全国的产品定位和市场模式，一边着手做好内部管理，搭建严密的防守布局。从此以后，加多宝开始进入了快速发展期，2005年，红罐王老吉整体销售额突破10亿元。

第二章
Chapter 2

发展：加多宝的取胜之道

第二章
发展：加多宝的取胜之道

如果把企业销售额达到1亿元之前的阶段比喻为一个人的少年时代，那么1亿元到5亿元就是企业的青春期。过来人都知道，人到青春期，主观意识增强、自尊心变强，渴望交流和友谊，易于冲动并富于幻想。跟亿元级别企业的形态何其相似！过亿以后，信心开始膨胀了，但又觉得当下这摊生意有些面目可憎，整天奔忙于价格战，利润低，要是能够有一个品牌就好了！既自信又自卑，既理性又冲动，既成熟又幼稚，就是这个时期企业的真实写照！如何能够顺利度过"企业青春期"从而大踏步地进入"黄金时期"？

第一节　江西，撕开防线的奇兵突袭

江西，在加多宝成长历程中很少被外界提及，但在加多宝内部，江西市场的运作成功有着不亚于温州市场的意义。如果温州市场是破冰，江西市场就是标准化、规范化、可复制模式的落地，既是突击战，又是战略性一役！

客观地讲，江西并不是消费强省，价格偏贵的饮料在江西市场的爆发，是加多宝自己都没想到的。2004年，公司凉茶的年销售额突破14亿元，较2003年的6亿元增长了一倍多，其中江西市场的销量与2003年相比激增了700%。获得这样的增长速度，很大一部分原因是加多宝率先在江西明确了这一产品能够推向全国的产品定位。如果说温州市场的成功是样板市场的典范，那么江西市场就是根据地市场建立的标志。加多宝在江西不仅找到了产品能够推向全国的新定位，也形成了一整套适用于全国市场的操作思路并落地成型，在后期达成了"以江西市场范本指导全国市场建设"的战略方针。从此以后，加多宝开始走上了快速发展的高速公路。

江西省内去广东、浙江打工的人很多，这些对王老吉有认知的客群回到家乡仍旧会继续消费。由此充分论证了以家庭消费为主导的战略，伴随着"健康家庭，永远相伴"主题，王老吉从酒店的餐桌走向千家万户。在介于通路精耕的广东和暴发户市场的浙江之间，江西省更具有扩张复制的可能性。所以，江西市场的经销商模式既采用了浙南温州的批发、流通办法，又兼顾广州密集布点、高频消费的"去瓶战术"。这种挑战，培养出了过硬的一线团队，后来辐射全国一半的管理人员均出自江西。

总体来说，江西市场塑造出了一个走向规范化的青年王老吉。消费者对战略调整的认知、团队执行过程中的节点梳理，也树立了加多宝的经销商模式。王老吉品牌章程正是从2004年梳理出来的，涵盖了18大消费场景。其中"怕上火"的诱因等，为进一步拓展全国市场提供了坚实的基础。

第二节 挖掘产品定位

对饮料而言,最基本的属性还是解渴,其次是口感,在这两个基本属性之外,如果能有一些附加功能丰富产品内涵,就能使产品更加饱满。在这些基础上,如果还能加上点文化的味道,就锦上添花了,康师傅茶饮料的成功便是对这一饮料发展规律最好的诠释。

我们以同样的标准再来看王老吉,首先它具备解渴功能,口感在广东凉茶的基础上有所调整,去除了广式凉茶的苦味,也适合推向全国。作为创立于清朝道光年间,拥有170年历史的凉茶品牌,王老吉并不缺少文化内涵,独缺的是对产品本身属性的高度提炼。

首先，来看看王老吉的起源："清道光年间，广州爆发瘴疠，疫症蔓延。王老吉凉茶创始人王泽邦为挽救患者，不惜以身试药，研制出一种凉茶配方。这种凉茶不仅解除了乡民的病痛，也帮助乡民躲过了天花、疫症等灾难。"可以说凉茶这一产品最早的产品属性是一味防范疫病的药剂。但以这样的定位作为饮料的属性推向全国显然是不行的，这也是加多宝在温州市场尽量淡化凉茶概念的原因。

不能用原有属性，就要提炼新的消费属性。通过市场调查，加多宝发现，很大一部分消费者选择王老吉的原因是看中了其预防"上火"的功效，这一发现让加多宝如获至宝。"上火"是中医学中对一系列具有阳性、热性特征症状之疾病的概括，具体表现为口唇干裂、口舌生疮、鼻腔热气、咽喉肿痛、全身燥热、牙龈红肿、食欲欠佳等。相对于疫病，这些症状具有普遍性，无论生活在哪里的人群都有"上火"的可能性，是一个能够推动产品走向全国的属性。

提出"预防上火"的概念,加多宝也经过了反复考虑。相比于以去火、下火、降火、清火为概念的凉茶类或非凉茶类产品,王老吉更有普适性,差异就在于去火、下火、降火、清火概念是在有症状了之后需要解决问题,而预防上火的饮料则可以随时饮用,不受限制。

经过市场调研,公司内部一致认定了王老吉凉茶的产品定位,其属性主要有三个方面。

第一,王老吉是凉茶,与其他碳酸饮料、茶饮料、果汁饮料一样都属于饮料类产品。

第二,王老吉在饮料的范畴内参与市场竞争,主要的竞争对手是饮料大品牌。

第三,王老吉有别于普通饮料,它能有效预防上火。

第三节　做大做强"预防上火"的概念

一、围绕定位，精准服务消费群

产品属性明晰后，接下来就要精准定位消费人群，从《王老吉品牌研究总结报告》中我们可以看出，18岁至30岁、具有一定经济基础、学历较高的青年人是王老吉的主要消费人群。在今天看来顺理成章的事，在2003年做抉择时是下了很大决心才进行调整的。

配合新的消费群体就要有新的广告宣传。当时在高管会议审议广告片定稿，同事们看到一个年轻人拿着吉他唱出"不用害怕什么，尽情享受

第二章
发展：加多宝的取胜之道

生活，怕上火喝王老吉"这样极具摇滚风格的广告语时，现场鸦雀无声，有些人甚至惊讶得合不拢嘴。因为在所有人的固有思维里，王老吉是一个走稳健路线的产品，谁都没有想到新的广告片会以这种形式出现，然而当人们回过神来的时候，所有人都一致同意了这个短片。原因很简单，就是极具创意、定位清晰、目标精准。从这时起，"怕上火，喝王老吉"这一广告语开始火遍大江南北。

但是只有定位还远远不够，有了清晰的产品定位后，就要开始围绕定位建设市场。在饮料市场竞争方面，公司开始完善产品包装规格，以适应不同渠道的竞争，主要的包装规格分为三类：单罐装、6连包塑料装和12罐箱装。其中，单罐装定位为普通包装，以消费者日常购买为主，主要占领批发、商场、餐饮、士多等渠道；6连包塑料装定位为量贩家庭装，以家庭购买为主，满足家庭日常消费和聚会需求，主要占领商超渠道；12罐箱装定位为礼品装，适合走亲访友送礼时使用，彰显吉庆品牌形象，主要在商超、副食品店或礼品店出售。

二、倡导消费情景化

在产品渠道布局定位明晰后，如何做大做强"预防上火"的概念？公司首先分析了导致上火的原因，总结起来有五大方面：季节、饮食、户外、熬夜和心火。以此为基础，公司提出了"消费情景化"的概念。消费情景化是指模拟日常生活中各种容易"上火"的情景，植入和产品相关的内容，这部分任务主要靠高空广告完成。

其中，比较成功的是季节式情景化和场合情景化。季节式情景化以四季为区分，提炼了四季"上火"的诱因，引导消费者饮用王老吉。包括：春暖乍寒，怕上火，喝王老吉；炎夏消暑，怕上火，喝王老吉；秋高气躁，怕上火，喝王老吉；干冷冬季，怕上火，喝王老吉。以形象的描述阐释四季上火的原因，进行消费引导。例如，对春季的描述："春天孩儿面，一天三变脸"，天气变化反复无常，乍暖还寒，忽冷忽热，风多雨少，气候干燥。人体的水分容易通过出汗、呼吸而大量丢失，不能保持人体新陈代谢的平衡和稳定，生理机能失调而导致"上火"，就连踏青、出游等也会担心上火。其实都不用担心，王老吉凉茶能有效预防上火，让你尽情享受春天的美好生活。除了季节，加多宝还选取了各种生活场景，针对容易"上火"人群重点突破，比如，熬夜加班、吃火锅、看球赛等。

只是单纯的情景模拟显然是不够的，要在感性诉求上更强势地植入产品，为此加多宝又提炼了对吉庆场合的消费引导，包括传统佳节。如红火新春、中秋月圆、国庆佳节等；民俗节日，如泼水节、火把节、月亮节、查白歌节等；婚礼庆典；欢乐时分，如升职加薪、金榜题名、聚会乔迁等。总之人生中的重大喜事，一个都不能错过。以"预防上火"为功能诉求，以"吉庆时分"为感性诉求的产品，开始全面占领消费者心智。

三、执行终端生动化

在江西市场最早落地实践的终端生动化，成了日后加多宝在终端推广的杀手锏，这一手段帮助加多宝战胜了众多竞品，使红罐王老吉在终端热销。由市场部主导的终端化工程就是利用终端一切可以动员的力量，精准地布置形象宣传物品，力求达到无孔不入的传播效果。加多宝的销售渠道主要分为现代、批发、餐饮、特通、小店五种，对每种渠道市场部都制订了适合的生动化策略。

在批发渠道，加多宝投入的主要有店招、雨篷、广告伞、海报和串旗等，在每一个批发网点摆放多少个POP海报、贴多大尺寸的冰箱贴、放几个易拉宝都有十分详细的规定，对不同终端店则分别要求必须有多少罐凉茶的陈列和堆箱等。有专门独立于市场部之外的督查人员对市场进行监管，对不按要求布置的经销商和网点负责人进行严厉的处罚。

在餐饮渠道，终端生动化要下沉到每个餐桌，从消费者进入饭店开始，就会被门口的吊旗、围裙、展示架、广告牌所吸引。同时在餐桌上，有印着王老吉字样的餐巾纸、牙签筒并配合着现场的试饮和买赠，在终端形成互动化交流。

第四节　深层的攻心之道

如前文所述，加多宝在温州市场开拓之初，一直坚持不懈地摸索完善"攻心"的策略，那么在解决了第一阶段动销的问题之后，也就是让消费者喜欢上你的时候，如何保证消费者的"长情"呢？如果你不能够深入消费者的心底，让消费者彻底爱上你，那么你总有一天会被抛弃。攻心之术虽然可以解决一个时期的问题，但市场要求进入系统化攻心阶段，攻心之道显得愈加重要。

当企业的市场行为与品牌价值处于比较初级的水平时，消费者的心依然会变，因为他们都具有追求更高层次生活质量的特点。只有让自己变得更加优秀，当品牌价值上升到符合消费者深层次价值观的高度时，才能让他们死心塌地地追随你。但如果把"品牌价值"独立出来，它始终是一种虚拟的概念，消费者不一定能很准确地把握这种信息。就如我们把一家人一起居住的房子叫作"家"，说到"去谁家"，其实就是去这栋房子里面。如果没有这栋"房子"的存在，我们应该怎么理解"家"的概念？与品牌价值相配称的企业行为就是让这个概念变成立体的"房子"，只有支撑"房子"的体系稳固了，消费者才能将产品与其价值形成统一的认知。加多宝将这个体系总结为"AIDA"公式，为了便于理解，以金字塔的形式表现如下。

1. 第一步：Attention 注意

通常购买饮料的决策时间不超过 3 秒，我们要充分利用这个决策时间来影响消费者，让其在这黄金三秒钟内首先注意到自己的产品，并且产生良好的"第一印象"，这是产生购买机会的必要条件。

王老吉醒目的产品名称和包装，已经具有了强劲的视觉冲击力，再配以海报、展架、挂旗等一系列宣传物料和空中广告，营造出以"王老吉"为主题的立体小环境，让消费者想不注意到都难。Attention 的地基打好了，金字塔的上层建筑才能顺利构建并形成稳固的结构。

2. 第二步：Interesting 兴趣

仅"注意"到还远远不够，产生购买还有一个很重要的前提，即消费者得对这个产品"感兴趣"。一般人都会对与自己息息相关的事物产生兴趣，加多宝围绕不同的消费群体倡导消费情景化。比如，四季上火的原因，不同生活场景造成上火的原因等，让消费者自动对号入座，并对吉庆场合植入对等的感性认知，让消费者从心底将产品与"吉庆"的概念紧密地联系在一起等。

3. 第三步：Desire 愿望

从 Attention 到 Interesting，消费者仅处于场外看热闹的心态，必须要让消费者置身其中，才能产生购买欲望。当产品的品牌价值等于或高于消费者的心理价值时，消费者才能从心理上萌生"想"买的愿望。

4. 第四步：Action 行动

有了底下三层建筑的构建，还要完成塔尖Action的部分，金字塔才算完整。消费者从心理上接受了产品，企业还要在行动上助推一把，巩固成果。在消费者目所能及的地方大面积铺货，让他们不管在什么场合都能"被提醒"，提高购买率并实现重复购买。

饮料行业有其独特的特点，消费者的购买行为具有随机性，完成铺货之后的短期内就能迅速检验出前期营销策略的效果。但"攻心"又是循序渐进的过程。在这个竞品鱼龙混杂的市场里，要让消费者"爱上产品"，就得一步一个脚印踩实了，主动出击，而不是等着他们来"追"。可以说，每个消费者都是投资家，他们最关注的是回报率，所以有了消费储值——每个消费者又都想物美价廉，甚至不花钱，尤其是还有互联网的免费模式。

饮料企业要牢牢抓住消费者就得从这些方面

下手,以"AIDA"为基础,既要提供高回报的产品和服务,又要提供检验标准来使他们相信购买产品物有所值甚至物超所值。在如何传播消费者投资回报率这个方面,加多宝坚持"最小的投入,最大的传播"的原则,对弱势及需要重点攻坚的领域有针对性地投入,严格把控广告费用。要做好这一点,首先必须对企业自身有全面深入的认知。

当年加多宝为了解决如何把凉茶卖给北方人的问题,从而找到更加广阔的市场,并不是后来被普遍认为地用"怕上火"这一招鲜就可以吃遍天下。加多宝用定位找到了"预防上火的饮料"这样一把撬开市场的尖刀,在当时这也是让公司内部为之尖叫的策略,因为它能够切实地扩大消费诱因,让不熟悉凉茶的人喝起来。采取定位策略的出发点和目的决定了执行效果。在找到定位之前,我们已经制订了要把凉茶卖给北方人这一核心战略,而且一定是当作功能饮料,绝不是传统认知的凉茶。

第三章
Chapter 3

加多宝运营体系中的三四五

第三章
加多宝运营体系中的三四五

在外界眼中，加多宝集团始终蒙着一层神秘的面纱，业界所能看到的无非是一些表象的东西。比如，快速增长的业绩、强大的组织团队、铺天盖地的广告和各种公益活动等。加多宝集团即使在接受媒体采访时，从相关负责人的发言中，也难以捕捉到任何关于公司内部信息的蛛丝马迹。这样便愈发增加了外界对加多宝的好奇之心，一个能如此高速增长的企业背后到底有着什么样的组织架构？加多宝集团作为凉茶品类的先行者又是依据什么来制订公司在不同阶段的发展战略呢？企业在发展过程中又是如何看待凉茶市场的呢？

第一节 三权分立

加多宝依靠销售部、监察部、市场部三权分立的管理体系打造出中国饮料的"第一罐"。在产品逐渐成长的过程中,陈生的脑海中便始终存在着强烈的品牌危机感,毕竟品牌不是自己的,而企业才是自己的全部,只有打造科学高效的内部管理体系才是企业长久发展的根本所在。于是陈生便将精力放在了企业内部管理体系的建设上,这一因素也为三权分立体系的建立奠定了主基调。现在看来,加多宝集团在应对2012年品牌危机中的出色表现也印证了陈生这一考虑的前瞻性。

1995年,第一罐红色凉茶正式上市,短短三

第三章
加多宝运营体系中的三四五

四年内加多宝企业便迅速突破亿元大关。在这一阶段,销售部在陶生(陶应泽)的带领下为加多宝集团的发展立下了汗马功劳。不过这一时期加多宝的内部体制仍比较简单、粗放,以浙南市场来说,当时的返利机制很不健全,所有返利是由销售部的人员直接带现金去经销商的店里结算,这一模式大大提升了公司的资金风险。

此外,随着温州等浙南市场的逐步升温,市场上的窜货现象也日益严重,一些市场投入费用得不到有效的管控。为了保证销售与市场在业绩完成和费用投入方面的合理性,监察部便应运而生了。担任第一任监察部总监的是张生(张秋田),张生刚正不阿,又是老板陈生的拜把兄弟,于是便被陈生委以监管的重任,主要负责对市场铺货情况、费用投入等工作的监察。加多宝集团的监察最大的特点就是"事前监察",不是等"生米已经煮成熟饭"了,再去做检讨。在加多宝内部有一个叫作PDCA(Plan-Do-Check-Action)的基本流程,容忍部门或员工犯错,但有一定的原则和标准。

当时温州等浙南市场的增量主要集中在婚庆市场及谢师宴等活动上，但是销售部却缺乏对市场活动及消费者心理的深入了解，只是依靠压货、打广告、搞促销的打法。加多宝集团逐渐意识到，要想在婚宴市场及谢师宴等活动上扎根发芽，就必须在区域市场的运作方面设置一个"大脑"，对市场及消费者进行必要的宣传投入及培育建设。2000年，市场部正式建立，阳生（阳爱星）担任市场部第一任总监，该部门不仅具有MS（销售服务）的职能，如负责物料管理、店招、促销活动、路演活动、宣传费用等基本工作，更核心的是部门负责人能参与大区、区域级别的工作发展规划制订，市场部的建议是决定费用投入的关键。

至此，三权分立的管理结构正式建立，并在后期磨合过程中日益成熟与完善。2001年市场部一分为二，分别建立企划部与品牌中心；2005年，销售部内部又设立全国KA系统渠道事业部；2006年，又增设了全国餐饮中心渠道事业部；监察部也逐步细化为对单个地区、单个活动的监察。

第三章
加多宝运营体系中的三四五

加多宝集团内部三个部门各司其职，发挥着各自该有的职能。销售部负责客户沟通和铺货，即通常所说的"推"的工作；市场部负责行动指导与支持，以及消费者的沟通，即通常所说的"拉"的工作；而监察部负责对各项工作指标及费用使用情况的监督，灵活实行"销售与市场一盘棋"的方针。三者权责分明、互相制衡，保证了加多宝在大规模费用投入时，能够做到"花小钱办大事"，真正把费用落实到"刀刃上"，迅速让产品成长为凉茶市场的第一品牌。

第二节　4M 体系

20世纪70年代，国家总体处于计划经济时代，那时企业只要生产出产品便不愁销售，属于产品时代；20世纪80年代，改革开放初期食品生产企业鱼龙混杂，市场消费进入品质时代；20世纪90年代，进入渠道时代，企业的产品只要完成铺货就能实现终端动销；21世纪初，进入品牌时代，企业开始投放大量的广告，依靠提高品牌知名度来拉动产品销售。

产品时代、品质时代、渠道时代及后来的品牌时代，这些营销方式在笔者看来都是企业的"攻城"方式。兵法有云："用兵之道，攻心为上，

第三章
加多宝运营体系中的三四五

攻城为下。"饮料消费有着不同于一般食品消费的属性，其中最大的一点就是 sale（消费）和 resale（重复消费）的区别，实现 sale 是"攻城"，而实现 resale 则为"攻心"，即在短时间内提高饮料的重复性消费。

2003 年，加多宝集团在"攻打"浙北市场前夕，于杭州召开大会，会上陈生便提出了"攻心为上"的思路，即面对广告的传播效果被逐渐稀释的现象，企业该采取什么样的措施来实现消费者对产品的重复购买，让产品从耀眼但会转瞬即逝的流星变成畅销不衰的恒星。加多宝集团内部对于如何使用"攻心"的策略一直在摸索着、思考着。2006 年年初，加多宝集团完成全国市场的铺货布局，对于解决产品动销及增加重复购买率这一"攻心"策略的需求更加迫切。"艰难困苦，玉汝于成"。终于，2006 年年底，时任华东市场大区推广部经理的曲宗恺正式提出了 4M 体系，针对日益兴起的公关活动、互联网传播模式、体验式消费等新兴的市场消费特征，建立起成熟的

"攻心"战略体系。

4M 是指 Marketing（市场机会）、Management（管理系统和资源）、Model（模式）和 Money（与钱相关的系统）。4M 体系实际上是三权分立职能的做事原则，三个部门的主要工作围绕这四个方面展开，当工作出现分歧的时候，加多宝集团一切都以 Marketing（市场机会）为重，因为市场最难改变。对大多数企业而言，监察部效力最高，核心原因在于企业把中心放在对钱的管理上，监察部权力过大阻碍了营销部门工作的开展。而在 4M 体系中，最容易改变的就是钱，加多宝集团意识到仅单纯搭建一个三权分立的架构，如果缺乏适合企业运行的工作理念，三权分立也不过是一个空架子，三权分立就像是鸡蛋的外壳，4M 则是其中的蛋黄和蛋清，而加多宝集团的战略就是"维护好蛋壳的硬度，在鸡蛋煮熟之前不要破"。

1. Marketing（市场机会）

市场机会在于企业对所选产业中某个品类发展存在的机会和运营能力。以凉茶为代表的功能饮料产业选择对加多宝集团的生存和发展至关重要，凉茶这一品类机会的选择决定加多宝集团在产业链运营方面的发展潜力。首先，凉茶产业的盈利能力制约着产业内加多宝集团等相关企业的盈利水平。其次，凉茶品类市场的总量和产业规模决定着加多宝集团的成长空间和规模极限。

2. Management（管理系统和资源）

企业的管理会涉及市场的运行结构、公司的组织架构、绩效考评、薪酬和企业文化等各级层面。其中，最突出的例子便是加多宝集团所采用的销售、市场、监察三权分立原则的营销战略，将内部管理系统当作企业的关键资源来培育和挖掘。

3. Model（模式）

加多宝集团的战略立足点是开发并利用内部资源和能力来适应市场机会的变化，其关键点有三个方面。

第一，设置能够利用公司主要资源和能力的

模式,战略模式不能偏离自身资源和能力的基础。

第二,确保公司的资源和能力能被充分利用,并在所占据的市场机会品类中建立竞争优势。

第三,适当多元化,建立可持续发展的模式,填补资源缺口。

4. Money（与钱相关的系统）

与钱相关的几个指标有：可用费用、可接受费用率、可承受收益周期、费用投入预算机制、费用使用执行机制、评估系统和资本的赢利模式等,加多宝集团切实考虑各项因素,在三权分立的基础上又不断细化和调整,从而衍生出更多的枝叶部门,更好地保证了整个公司的正常运转。

2007年,梯次做大做强"预防上火"的概念,让王老吉成为凉茶品类的代名词；2008年,引领凉茶品类发展,借势北京奥运会推广品牌,使王老吉成为真正意义上的全国品牌；2009年,迅速引领凉茶品类发展,王老吉成为全国领先的饮料品牌。在未来几年内,王老吉将成长为世界级饮料大品牌,打造成中国的"可口可乐"。加多宝集团在制订 2007 年公司战略发展规划的过程中,也首次将 4M 体系融入其中,实践也最终证明了该体系在加多宝集团发力全国市场快速突破百亿元的过程中发挥了不可替代的作用。

第三节　五种梯次市场

　　加多宝对市场等级的划分独树一帜，并不是简单地根据目前市场的销售额度进行划分，而是根据优势、基础和潜力等多重指标综合地评估市场。由于目标就是全国市场，因此对任何区域市场的建设都没有轻重之分，有的不过是缓急之别。不同的市场状况采取不同的市场策略，决不放弃任何等级的市场。在进行市场建设的过程中，加多宝按照销售和品牌发展潜力状况，将全国市场划分为核心、高潜力、发展、开拓和策略五种市场类型。五种梯次市场的设立是为了解决2007年对空白市场的开发问题，通过对市场的深度梳理，

2007年以后加多宝在全国范围内再无空白市场，真正实现了全国覆盖。

实例详解：2006年加多宝五种梯次市场分布及策略方针。

1. 核心市场

以广东、浙江和福建为代表。该市场的销售网络相对成熟，不仅具备广度，还有深度——品牌知名度高达90%，品牌渗透率高达60%，销量占全国80%的市场份额。对待核心市场，在保持现状的基础上，着重注意对竞品的防范。

2. 高潜力市场

以江西、广西、湖南、湖北和海南为代表。销售网络相对健全，具有一定广度，而深度需要挖掘。不过销售业绩处于高速增长阶段，增长速度达到惊人的768%，在该市场上品牌知名度达到80%、品牌渗透率达到40%。面对高潜力市场，要逐渐规范运营体系，强化品牌渗透率。

3. 发展市场

以江苏、河南、云南、山东、重庆、河北、天津和安徽为代表。销售网络相对健全，但是广度不够，销售额同样处于快速增长阶段，产品在该市场上有一定品牌知名度和品牌渗透率。对待发展市场要继续围绕消费情景化和终端生动化建设市场，必须让产品品牌和预防上火的认知建立强大的联系。

4. 开拓市场

主要集中在贵州、青海、西藏、新疆、内蒙古、宁夏、甘肃、山西、黑龙江、吉林和辽宁等地。该类市场上的销售网络不健全，仅局限在个别城市，品牌知名度与品牌渗透率均较低。由于开拓市场对凉茶的认知度不高，必须要提高消费者对凉茶品类的认知，在引领凉茶品类发展的同时将自己的市场做大。

5. 策略市场

主要是以北京、四川、陕西和上海为代表。该类市场具备一定的消费基础，有较显著的区域市场特征，对所在区域具备消费引导的功能，同时具有一定的品牌知名度（60%），但品牌渗透率低（14%）。该类市场不以硬化指标强制要求，但要不惜代价保持中心城市的持续经营。

例如，上海、四川（成都）在销量上接近北京，西安（陕西）是西北市场的桥头堡，这些中心城市对周边地域市场具有较强的影响力。

第四节　加多宝的渠道策略

渠道分为现代、批发、小店、餐饮、特通五类，加多宝在饮料市场上迅速走红的秘诀是"快"，就是同时快速启动五类渠道，形象地说是"用五条腿走路"。加多宝渠道的分销网络建设采用RMS系统（线路管理系统），业务人员每月15日和30日要上报他们所掌控的五个渠道的客户资料，后勤人员负责录入RMS系统，及时补充更新。RMS系统最大的特点是相同的客户资料不能重复录入，可反映某个业务人员的工作量大小、工作进度及某地区的人均产值等。以下是各个渠道的操作要点：

第一，现代树形象：现代渠道的入场费、堆头费等费用由加多宝承担，产品由当地经销商直接供货。现代（KA）渠道操作的基本准则：首先，是比竞品位置显眼、数量多、摆放时间长。可口可乐的健康工房在某个超市有一个1×1的堆头，那我们除了有一个1×1的堆头外，还要有端架陈列。"五一"节要搞陈列活动，一般要提前实施，在3月份开始就与超市签定3~5月份的长期堆头协议，这样还避免到时堆头位置紧张、费用过高。其次，是KA卖场里的产品日期一定是最好，当地经销商接到新货后，及时把KA卖场里的旧货换到其他渠道去，给消费者以加多宝产品畅销、新鲜的感觉。最后，是单罐加多宝零售价永远保持3.50元/罐，禁止搞特价促销，搞特价的永远是6联装和12联装。

第二，批发上规模：加多宝在流通渠道主要发展有一定配送能力的邮差商（分销商），分区域、分渠道进行覆盖小店、餐饮和特通等终端店，要求签约的邮差商能压货300~500箱。批发渠道的活动大多采用常规的搭赠促销手段。例如，平时搞35送1，旺季时搞30送1，先由经销商垫付，活动结束后核销。但往往采用限时限量的活动方式，比如某个经销商本次促销活动只能限量核销1万~2万箱。

第三，小店建网络：在日常管理中，要求业务人员每人每天要拜访35家终端点、每人每天要开发3家新客户、每人每天要张贴30张以上的POP、每人每天要包3个冰箱贴，用量化管理强力开发并建设终端网络。搞"人海战术"的同时采取类似"抢、逼、围"的足球战术，在终端市场上与竞品抢客户，在货架陈列上逼竞品，在生动化上围竞品，这就是加多宝强势的终端所在。

第四，餐饮搞拉动：餐饮渠道是加多宝的主销终端，餐饮的拉动活动以主题赠饮为主，让消费者品尝加多宝的味道，向消费者宣传其预防上火的功能，同时培养目标消费者。在中心市场（省会城市），每月的品尝品有500箱以上，投入很大。每个点提供12~24罐的品尝品，每支产品要求冰镇1小时以上，倒6小杯给6个客人喝，最后凭空罐和拉环核销。当然，活动前要做好"海陆空"生动化工作，即"海"——餐桌有加多宝LOGO的椅套、餐巾纸、牙签桶等；"陆"——门口有展示架、墙上有广告牌、包房有围裙等；"空"——空中有吊旗。其至独创要求围裙要达到30米/店（30张冰箱贴）。在日常管理中要求各地随时统计汇报通路上产品的货龄情况，超过6个月的产品要想办法消化掉。

第五，特通找突破：加多宝的特通渠道主要是网吧和夜场。网吧的主要操作手段是给陈列费、提供品尝品、提供冰桶、也搞公关营销，对网吧工作人员进行"收集拉环兑换小礼品"活动。夜场的主要操作手段是请导购、提供品尝品和联合促销，刚入场时搞夜场每个包房免费提供1罐加多宝的活动；或与××啤酒搞联合促销，即买1打啤酒赠送2罐加多宝；也尝试营销创新，用加多宝兑红酒等。

第六，从2004年起，在一些市场，选择火锅店、湘菜馆、川菜馆作为"加多宝诚意合作店",提供品尝品,进行公关营销。

第七,我们不难发现,几乎每个一二线城市的商场、超市、士多店都可以看到加多宝,几乎在所有大中型卖场都配有冰柜实物陈列、旺点空罐陈列、挂式小货架陈列、POP 张贴等。加多宝的终端建设工作非常细致,例如,要求每一名业务人员每天必须在终端士多店张贴 POP 宣传画 60~70 张等。无孔不入的终端宣传使加多宝曝光频率极高,真正使消费者买得到、买得起、乐得买。在终端建设上,加多宝精耕细作,体现了"终端为王"的道理。

第四章

Chapter 4

成长：打造中国的"可口可乐"

第四章

成长:打造中国的"可口可乐"

第一节 加多宝的竞品防御战

作为品类战略的打造者,若想保持品牌的领先优势,必须具备两大要素:一是跑得足够快,二是防守体系要牢靠。

加多宝的凉茶产品在2003年开始风靡全国以来,在经历地震捐款、奥运年"祝福北京"等活动之后,当仁不让地成为中国饮料"第一罐"。在商标被收回之前,也顺理成章地被看作新一代中国民族饮料品牌的扛大旗者。从1亿元成长到100亿元,加多宝集团仅用了不到十年的时间,这一火箭般的速度让其他跟进品牌难以望其项背。

"进攻赢得胜利,防守赢得总冠军。"这是

NBA里流行的一句名言。加多宝集团也深谙此道，融合4M体系的三权分立的内部机构打造了一系列"攻城略地"的进攻模式。而且在很多人所忽略的地方，这一内部机构也建立起一套成熟、完整的防守体系。加多宝集团将竞争产品或品牌分为三个不同的层级，即小产品、二线品牌和巨头企业，对症下药，采用极具针对性的防守策略，将来自不同等级的产品或品牌的攻势化解于无形之中。

两广地区是凉茶的大本营，大大小小的品牌近千个，如廿四味、春和堂、念慈庵、潘高寿等，仅在广州的企业就有上百家，其中包含批量生产凉茶颗粒的药厂和生产罐装饮料的企业。对一些中小企业或品牌来说，加多宝集团的针对策略是利用好自身的渠道优势、法律保护和品牌影响力等资源，区别对待、灵活运用，采取小而精的招数来应对，就像大鱼吃小鱼那样，简单却有效。

第一个勇敢地向加多宝集团的红罐王老吉展开正面进攻的是黄色包装的春和堂。早在2004年，随着王老吉的销量大增，很多企业纷纷看好凉茶饮料市场的同时,春和堂以仅次于王老吉的推广力度,采取高举高打和人海战术进行市场攻略。春和堂认为,王老吉的弱点在于无药味,想以"正统的凉茶,药性实在"的口味差异化诉求定位为真正的凉茶。在新品推广初期,春和堂凭借其多年经营饮料及酒类产品建立的成熟渠道体系,其产品在市场上迅速铺开。

根据当时的形势,是春和堂成为凉茶品类中的第二大品牌最好的时机。事实也是如此,春和堂在第二名的位置上也待了一段时间。不过好景不长,春和堂很快便遇到了一系列的问题。加多宝集团对春和堂出现的市场问题进行了深入的分析,认为其问题产生的根源主要集中在三点:

第一,产品定位模糊,消费者对其略苦的"真正的凉茶"的口味并不买账,加之其"健健康康,春和堂"的广告宣传与品牌定位并不相符。

第二,由于春和堂具有强势的渠道资源,这便造成企业重销售、轻市场的局面,片面追求销售的业绩增长而忽视了对市场的投入与培育,透支了市场的潜在购买力。

第三，内部的经营管理比较粗放，品牌运作混乱，且对市场回报期望值过高，缺乏成熟的心态。

找准痛处——加多宝集团精耕现有的渠道资源，与春和堂打起了阵地战，无论是在空中宣传还是终端推广上，产品基本上都跟单一渠道捆绑起来。比如，罐装加多宝，无论其影视广告怎么变，都离不开餐饮、烧烤等跟饮食相关的空中宣传策略，而盒装产品则是以家庭购买的KA作为宣传推广的主渠道，最有效的推广案例就是"盒家欢"促销推广方案。从两个不同包装规格产品的宣传推广策略可以看出，无论渠道有多宽，始终捆绑核心、重度挖掘消费渠道是加多宝集团主要的防守策略。

另外，在春和堂之前，廿四味凉茶几乎和王老吉同时起步，也是少数能够赢利的凉茶品牌之一，这跟它本身能帮其他企业做贴牌有很大的关系（廿四味凉茶的母公司曾经帮助加多宝集团做加工生产）。针对廿四味凉茶的外形包装，红罐王老吉运用法律武器与廿四味产品包装打了一场官司，维护自身包装设计的专利权。廿四味输掉官司之后，元气大伤，母公司也就没有再加大市场费用的投入。但是直到今天，廿四味在广东市场仍有一定的销量。

就像著名的木桶理论所阐述的那样，一个水桶能装多少水，取决于最短的那块木板。尽管一些小产品或拥有渠道优势或占尽生产加工的优势，但廿四味这类生产型企业和春和堂这类渠道型企业一样，其问题都在于"重销售、轻市场"。这类企业缺乏整合营销的能力，对市场及消费者研究不足是这类产品没落的主要原因。

第二节　战术上的竞争

面对二线的品牌或二流的企业攻势，加多宝集团的防守策略上升到战术层面，利用自身铺货效率高、终端生动化的陈列及线上线下等多元化的传播体系作为主要防御模式。

从空中宣传的声势来讲，红罐王老吉无疑是高举高打的代表性品牌，无论是央视、省级卫视、地级电视台、候车亭、车体等信息载体，红罐王老吉基本上全部覆盖，真正称得上是广告大佬。

但细心观察，王老吉不仅具有声势浩大的空中力量，更有人海战略密集型推广的地面部队。我们可以从KA、餐饮、流通、特通等看出，王老

第四章
成长：打造中国的"可口可乐"

吉的形象更是无孔不入，只要有位置，就会看到王老吉的形象宣传物料或产品。同样王老吉看似采用经销商制运营模式，实际上已经采用直营模式的运作机制，无论是多大、实力多么雄厚的经销商都扮演配送商的角色。

而上清饮、潘高寿、念慈庵、三九下火王、星群、万吉乐等凉茶品牌普遍只学会了王老吉高举高打、广告开路的行销策略，其实是掉入了行销陷阱。在户外，这些企业的广告铺天盖地，却没有组织强大的地面部队，造成在终端难觅其产品踪迹。虽然广告费花了不少，空中的轰炸落到地面时绝大部分都打了水漂，从而就产生了"空中广告轰轰响，终端见不到货"的现象，产品并没有被消费者真正的认知与接受。想单纯地依靠高举高打的行销策略占领终端、实现销售，坦白地讲，这是某些品牌一厢情愿的美好愿望，永远都很难实现。

同样面对着王老吉这一防守策略折戟沉沙的还有黄振龙。黄振龙是凉茶铺第一名，推出了包装和口感都颇具特色的黄色罐装凉茶，跟非凉茶铺渠道的第一名王老吉对攻。尽管黄振龙的销售团队熟谙凉茶铺经营，不过仍对真正的市场饮料行业一筹莫展，导致运作状况不尽如人意，最终草草收场。

很多企业对市场并不清楚，只是盲目跟进，并不了解王老吉是怎么取得成功的，同时也没有站在品类发展的高度来策划产品的上市策略，致使产品在市场上受阻。在饮料行业中，如果你对领导品牌不够了解，市场分析不透、不深，同时资源再不够充分，很难只凭一个想法就成功。

很多食品企业认为跟进战略就是跟随，就是"领导品牌怎么做我就怎么做，我跟着他就会成功"，大多数企业只是想赌一把。这种盲目的跟随必将导致品牌在投入很多资源的情况下收效甚微，如果没有足够多的资源可以调动，失败就是必然的。

第三节　综合实力的较量

在电影《英雄》中，秦王领悟了剑法的三种境界：

第一，手中有剑、心中却无剑，主要练就的是一招一式。

第二，手中有剑、心中有剑，所谓人剑合一，练就的是剑气。

第三，手中无剑、心中也无剑，是一种至大则空的平和。

其中，第三种被称为剑法的最高境界。进攻如此，防守亦如此。可口可乐、百事可乐等国际巨头的"剑法招式"便属于第三种。面对国际巨头这样的高手出招，加多宝集团也必须达到相应的境界才能从容应对，需要有实力（资金、产品研发、市场开发等）、耐力及创新力等综合实力来予以支撑。

2006年7月2日，可口可乐（中国）饮料有限公司宣布，正式在中国内地推出一种全新的本草系列饮料——健××房。该产品由可口可乐公司和致力于本草推广的香港"健××房"专家携手打造，在运作模式上，由可口可乐负责"健××房"即饮饮料的生产、分销、市场策略、推广及产品研发，"健××房"则担任产品研发顾问。不过囿于产品的不动销，不久就遭遇滑铁卢，传统巨头们似乎对凉茶市场无计可施、毫无办法。同样，百事对凉茶新品也是筹谋已久，但迟迟未见推出产品，倒是听到了诸如"收购王老吉股份"的传言。目的是试探市场胃口，为了推动新品上市，还是真的有意参与收购仍是谜团。

"两乐"这种国际巨头最擅长的是打阵地战，采取正面进攻，而这也恰是加多宝最擅长的战争方式。在消费者心智中,凉茶已有代表,而可口可乐的凉茶会比加多宝更好吗?恐怕大部分消费者不会信服。

面对国际巨头的进攻,加多宝集团便运用了这样的防守体系。在产品的定位及广告宣传上,尽量弱化凉茶的声音和形象,重点强化其功能效用。其实只要我们看过王老吉的电视广告或关注其平面广告,都可以留意到任何主视觉都是"怕上火,喝王老吉",而不是喝王老吉凉茶。另外,在其 VI 系统的推广中,任何的形象物料都是王老吉这样一个独立的形象系统,基本上很少出现王老吉凉茶组合形象系统。

在自身一系列的宣传推广中,基本上放弃品类壁垒,尽量弱化凉茶品类对消费者的购买影响,因为加多宝集团深知品类不能独占。所以就采用了迅雷不及掩耳之势的策略大大提高了品牌壁垒和功能壁垒。这也是为什么众多新进凉茶品牌即使是国际巨头,虽然搭上了凉茶这个品类快车,依然存在推而不动、促而不销的症结。

第四节　全新品类：昆仑山

上善若水，水被归为至善之品。同时，水最具多面性，可软可硬，水滴石穿，水能载舟亦能覆舟。加多宝创造性的品类——昆仑山瓶装水，就在红罐王老吉销售额百亿元之际，横空出世。

陈生曾给加多宝所有的高管讲过一个和尚的故事。小和尚问师傅，什么是空。师傅给了小和尚一个篮子说，你把它装满回来。小和尚装了满满一篮子核桃，再用米把缝隙塞满了，自信地交给了师傅。师傅拿了一瓢水倒进去，水面与篮子的边框对齐，小和尚说真满啦，师傅又拿盐出来放了进去。师傅反问小和尚，如果你倒过来试试

第四章
成长：打造中国的"可口可乐"

看，先放盐，再倒水，核桃就放不进去了。策略的前与后，能决定事情的成与败。本来只想装核桃，又发现可以装米和水。这就叫多元化，也是战略节奏。

加多宝要做瓶装水，更要做最好的。用 4M 体系来划分，虽然市面上瓶装水的种类多如牛毛，如矿泉水、纯净水、山泉水、矿物质水、黄金富氧水等，但最终都会回归本质：什么是好的水？解渴是其唯一功能诉求。如果用水来主打功能，比如，"困了累了喝点水""怕上火喝点水"，一定会沦为笑话。红牛、可口可乐、加多宝等 90% 以上的成分都是水，只是那一点不同的功能配方，加之附着给产品的诸多概念，才有了天壤之别的市场定位。而前车之鉴是，非专业选手做瓶装水，都会死得很惨。

市售矿泉水，零售价从 1 元至 3 元不等。康师傅、统一、娃哈哈、可口可乐的冰露，都只能卖到 1 元每瓶，农夫山泉、怡宝、白云山卖到 2 元每瓶，3 元每瓶的有白翠山，五大连池最高，5

元每瓶。但国内瓶装饮用水售价体系中，5元是一个临界点。6元每瓶是依云水的领域，再往上基本脱离了单纯饮用水的概念。

在加多宝集团看来，高端瓶装水是饮料行业中的伪命题。因为要拔高单价，势必会在水源地、包装及营销上做文章。而水源地相近的饮用水，即使请来最顶尖的专家，也不可能在盲测中评出等级。但在消费者心智中，却有高端水存在的可能性。例如，本土认知度最高的青岛崂山矿泉水，它所出产的1.5元蓝色标签的500ml瓶装水和3元的230ml精装红色标签瓶装水，水源产区都是崂山，灌装工艺更是一样的。对生活品质的追求使得消费者通过感性利益来判断好坏，同时除了水源地外，能眼见为实的只是包装和价格，能使消费者形成对高端水的认定，因而能在同一款产品上抢占不同的客户群体。

早在2005年，陈生就看到了水资源在未来的珍贵性，提前布局好水源地。加多宝在中国青海的昆仑山地域内，投资10亿元建造水源地及加工厂，成了青海建省以来最大的一笔投资。有了王老吉商标惨痛的前车之鉴，加多宝在新品类面世上一定要牢牢树立自己的品牌。在省市各级领导的积极协助下，直到2009年才把昆仑山注册成品牌。

因对水源的绝对信心，昆仑山定位于高端日常饮用水，原计划只供中国千万身家的100万人喝。虽客群狭窄，但也是百亿元的庞大市场。昆仑山的首秀即告失败，因为在实际销售过程中，传统的加多宝经销商都玩不转这一圈层，走入普通流通市场后成了全民产品。用原来的经销商和团队进攻优势渠道，结果可想而知。

业内有一个说法，如果水形成稳定的销量就能立于不败之地。货物流通才有利润。有一个笑话形象传神：客人交押金1000元住旅店，店老板将1000元给了上游供货商……等客人拿了1000元押金走人后，没有一个人少了钱，所有的账都结算清了。积货如山的加多宝，将瓶装水通过抵扣广告费的形式实现大量动销。按终端5元售价的一半，折抵广告费用，成为众多传媒公司的员工福利，着实是困境下的无奈之举。

仅此一次亏损就超过20亿元，越大的企业犯错成本越高。昆仑山的规模上不去，没有形成圈层，低端不买账、高端不稳定，属于战略性失误，想翻盘难上加难。幸而此时，李娜救了昆仑山。

2011年面世之初，昆仑山就签了李娜做代言人。打网球大多是成功的政商界人士或富二代，与其客户定位十分吻合。在签约当年，李娜在法网赛事中一举夺冠，红透半边天，网球运动的关注度达到了史无前例的最高点。昆仑山受此鼓舞，勇猛发力，在高端客户中的知名度和口碑逐渐树立起来。

在此良好契机下，昆仑山重新建立匹配的营销渠道及打法，在2011年将昆仑山的营销渠道分割出来，与凉茶产品并向独立运行。虽然市场回暖，但还是处于不上不下的量级。

昆仑山具备走向世界的基础，中国饮食文化上的影响力传遍全球。中餐馆在世界各地开得红红火火,中医望闻问切、推拿按摩风靡欧美、茶文化比肩可乐,这些都是中国文化的传承,只是遗憾于没有规模化运作、没有代表性品牌。中国的昆仑山,不仅具备泰山、黄山等无法比拟的知名度,且因终年白雪皑皑,独有的小分子雪山矿泉水更显得纯净与珍贵。昆仑山面世的第一条广告语为"谁与争锋,唯我昆仑",与依云水主打小镇的形象截然不同。昆仑山,就是加多宝瓶装水的品牌。

所以,它的诞生,更多的是着眼于十年或二十年后的市场,这是长期累积方见真章的战场,也是加多宝的未来,在世界饮料市场中立足的一枚棋子。

第五节　百密终有一疏

人无完人，百密终有一疏。加多宝的防御体系也不是无懈可击的，其最大的漏洞便是对瓶装市场的忽视，对瓶装和其正防守策略的失败成为加多宝竞品防御战中最大的败笔。出现漏洞的原因有两点：

第一，在2003年，加多宝集团便推出了PET装产品，却未得到足够重视，过于专注罐装的品牌定位，对市场的评判预估缺少敏锐性和前瞻性，结果丧失了瓶装市场的先机。

第二，福建市场夹在浙南与广东之间，该区域是在浙南与广东市场火爆之后被自然催熟的，加多宝集团曾对其进行超常规的开发,导致对该地市场的渠道掌控能力不强,从侧面也给了达利一些可乘之机。

2007年觊觎饮料行业已久的达利,看到了凉茶市场巨大的发展潜力,高调出现在凉茶领域,品牌诉求"清火气、养元气",产品包装、颜色与加多宝的产品极其相似,完全是跟进者的姿态。2008年,达利的和其正进行品牌战略转型,从以前的"清火气、养元气"改为"瓶装更大气"和"瓶装更尽兴"。包装从以前的罐装改为瓶装,瓶装又分大瓶装和小瓶装,颜色仍以红色为主色调。和其正在不断反思跟进战略,也不断调整跟进战略。

改变包装和定位后,和其正的目标更清晰、更明确,就是开发大众消费和家庭消费,才有了"瓶装更实惠"和"瓶装更尽兴"。在区域开发上,和其正避开加多宝产品的强势市场,重点加大对其弱势市场的进攻。经过对产品定位及市场策略的不断调整,瓶装和其正终于走出了一条有别于加多宝的产品差异化道路，在二、三线市场切割出六十多亿元的凉茶市场份额，从而一跃成长为凉茶品牌的"榜眼"。

第六节 2009年，夏枯草来势汹汹

在加多宝九死一生的发展过程中，2009年，夏枯草风波来势汹汹。

作为食品饮料类企业，产品安全问题始终是悬在头上的达摩克利斯之剑，也是成就伟大企业之路上的必修课。

凉茶类产品生于岭南，根植于传统中医药产业。虽为药食同源，但在权威部门认定与民间认知方面一直存在各种争议，凉茶到底是茶、是药，还是饮料？存在不同角度的认知。尽管我们定位出了"预防上火的饮料"这样明确的解析，但这毕竟是企业行为，与官方界定无关。罐装王老吉

的配料表为:"水、白砂糖、仙草、蛋花、布渣叶、菊花、金银花、夏枯草、甘草",我们简称为"三花三草一叶"。经过100多年相安无事的发展,随着红罐产品的高歌猛进,没想到排名倒数第二的配料夏枯草带来了大麻烦。

夏枯草为多年生草本植物,匍匐根茎,节上生须根。茎高达30厘米,基部多分枝,浅紫色。花萼钟形,花丝略扁平,花柱纤细,先端裂片钻形,外弯。花盘近平顶。小坚果黄褐色,花期4~6月,果期7~10月。夏枯草适应性强,整个生长过程中很少有病虫害,有清火明目之功效,能治目赤肿痛、头痛等。夏枯草性寒,味甘、辛,微苦,具有清泄肝火、散结消肿、清热解毒、祛痰止咳、凉血止血的功效,适用于淋巴结核、甲状腺肿、乳痈、头目眩晕、口眼歪斜、筋骨疼痛、肺结核、血崩、带下、急性传染性黄疸型肝炎及细菌性痢疾等。现代药理研究表明:夏枯草有降低血压的作用,能扩张血管;其所含芦丁有抗炎作用,并能降低血管通透性,减少脆性,降低肝脂。夏枯草还有抵制癌细胞的作用。

"体质虚寒者少食",正是中医药典里的这句话,给好事者留下了把柄。

2009年,在卫生部的新闻发布会上,宣布夏枯草没有进入药食同源的名录,指出喝多了会导致胃穿孔。"喝凉茶会致死"迅速成为各大媒体头条,引发了一场耸动人心的新闻效应。

加多宝迅速启动危机公关,2004年以后,为了增强抵抗危机事件的能力,公司建立了庞大的公关体系,每次都能化险为夷,甚至化危机为机遇。生死存亡的四个小时,加多宝兵分多路。一方面,派出专业公关团队赶赴卫生部交涉,查证信息源头,迅速启动媒体的危机公关,召集近万名新闻记者,做了大量的解释,以岭南上百年凉茶历史的事实,证明它的安全性。另一方面,通过高层公关,联合广东省凉茶协会、广东省卫生厅,一同进京协调,试图重新让卫生部出面澄清夏枯草的安全性。但市场没有那么理智与冷静,民众相对理解浅显而又固执的避险心理，一款需要解释超过 3 分钟的饮料，已经超过了客户决策的时间。因此，加多宝 2009 年业绩蒸发了 30 亿元，2008 年的百亿元大关下滑 30%。

公益活动此时又发挥了巨大作用，公益捐款、学子情，在 2009 年影响了加多宝 30% 的业绩。随着新闻风波逐渐平息，销售业绩逐渐恢复，事件的影响并没有全面蔓延。

今天，我们已经无从考证谁是夏枯草事件的幕后推手。到底是职业打假人的心血来潮，还是竞争对手的有备而来？事件本身所具备的价值正在于此，尤其对于食品企业而言。

首先，安全和品质是第一位的，安全不仅意味着生产安全，还意味着政策安全、传播安全。加多宝能够在这次事件中化险为夷，不仅是依靠超强的公关能力，还依靠企业始终坚持品质为上的方针。

其次，作为食品类企业，要聚焦好的经营策略。如果把鸡蛋都放在一个篮子里，会同时承担巨大的风险，笔者建议在允许的情况下尽量做到两条腿走路。狡兔尚有三窟，何况在这波谲云诡的市场环境中，多留几手牌也多有益处。

第二篇

向加多宝学什么

第一章
Chapter 1

加多宝的营销战略

第一章
加多宝的营销战略

第一节 广告投放的原则

产品的第一个广告片非常有格调,通篇没人说话,古钟悠远,最后字幕文字为"天地正气,王老吉"。

第二个广告片,"吉庆时分,当然是王老吉"。这两条广告看上去并不起眼,但都获得大奖。在那个时代,陈生就指定导演拍宣传片,一直选用一位对于镜头近乎变态痴迷的香港导演,所有广告片的片酬都在400万元以上,参照国际品牌的标准执行。此举一直被同行津津乐道。这一招也确实高明,因为产品的品牌认知,不管是字面还是罐体包装,在众多饮料产品形象中,一直算比较土的，而高品位的宣传片恰好能弥补观感差异，提升心理价位预期。

同时期在广州，以千里马为代表的摄影协会会员，可以说是中国第一批广告人。连续拍的三条广告片都获奖了，但受当时资金匮乏所制，投放金额几乎等同于片子价值。阳生（原市场总监，2010年成为全国常务总裁）为此还被陈生责备，陈强（广东的大区经理，后来的全国销售总监——陶生调任到广药后提拔上来）和笔者将更多精力倾斜在电视媒体，从此，埋下了全国媒体布局的种子。

当时想投中国香港台，隶属亚视和无线的本港和翡翠电视台，虽在广东地区有落地接收信号，但对于大陆节目都有删减。新闻及综艺节目滞后明显，只能播出过气的电视剧。

东莞有32个镇，各自分立，没有被普遍认可的市中心，棠下的人要么去深圳、广州和香港地区，也绝不会去临近的管城镇。每个镇都有电台，剪播中国香港台的新闻和节目。每个镇的广电站成本很低，王老吉石隆镇电台一年的投放才 20 万元，但电视观众都以为是中国香港的广告，加上广告片的高品质以及"健康家庭永远相伴"的主题，立马火透东莞，连广告中喝王老吉的小童星也跟着出了名，踏进了演艺圈。特殊国情下的低成本投放条件，抓住了电视媒体黄金效果的时段，果真是"广告一打，黄金万两"。

以笔者在加多宝多年的营销经验，摸索出了广告投放三原则，绝对能让很多同行少走弯路。

第一，不要大张旗鼓地招标。这样等于让所有的媒体、广告公司和代理商等都知道你有钱。而且要定位一定的时间段。这样即使是形式再严苛的招标，也根本拿不到想要的底价。因为企业主动暴露预算后，大家就不会互相搏杀。只有让不同利益博弈的资源方暗中较劲，才会看到相互拆台。等到他们敌伤一千自损八百也要拿下这单的时候，我们才能做到真正的物超所值。

第二，不用费尽周折地找领导。越是旗舰型媒体资源单位，领导们都更注重政治斗争，而很少管具体业务。你绕了弯子,不只是欠了莫大的人情,说不定还会在领导做不到最佳效果的时候有苦说不出。如果购买媒体,明码标价的时候,显性的并能算上账的永远都是公平的。正因为媒体采购有深不可测的规则和魅力,才是对企业花钱能力的莫大考验。

第三,一定不要跟媒体直接合作。有些人觉得直接从电视台直采可能更便宜。但媒体是一分钱一分货,买啥就是啥。4A公司去运作一分钱两份货的事。比如,3亿元预算表面只花了6000万元,但实际获得超过1亿元的回报。有强大运营能力的4A公司,可以整合许多相关资源,可以从甲方角度提出更多要求,也避免了与媒体闹掰。4A公司存在的价值在于协调双方的关系,也能测算到达率、标段、投哪个时间段,并给出相对精准的方案。而单一媒体只能提供厂家产品,即自身媒体的资源。

第二节 路径选择与架构建设

根据加多宝成长过程中的经验和教训来看，在亿元级别要想获得合理突破，企业必须解决好体系建设和路径选择两大核心问题。

一、关于路径选择

首先，企业必须清楚地认识到自身状况和市场规律之间的关系。通俗来讲，就是要弄明白，为什么能做到过亿元的规模。准确认识企业的发展状态，是做出正确决策的基础条件，而对于发展路径的选择决定企业的命运。

1999年的加多宝刚刚斩获过亿元的规模，那个时候的企业从批发商完全转型为生产商仅有几年时间，过亿元的规模通过红罐单品做出来，在市场方面也仅有浙南和广东两个主要市场，而浙南一度占到70%的业绩规模。当时加多宝的状态可以这样形容，"王老吉"这个租来的品牌成长迅猛，但毕竟是租来的，做得越大越危险。企业甚至通过一些非常规手段来规避和控制风险，但由于品牌所有权的问题，有一把"达摩克利斯之剑"始终是悬在头上，因此必须培养属于自己的品牌来防控风险，这是加多宝从出生开始就必然选择的路径。于是，在1999年选择了"加多宝"茶饮料这条路径，当年的茶饮料市场已经开始进入激烈竞争时代。广州顶津凭借"通路精耕"模式占据市场，而加多宝茶饮料从一出生开始就不得不面对强大的竞争对手和并不占优势的品牌资源。最后，茶饮料以失败而告终，却留下了一支擅长通路精耕的团队，为后来加多宝的快速成长奠定了基础。

加多宝的情况有其独特性，但是对大部分企

业而言，路径选择包括以下两方面。

第一，产品体系的加减法。如果企业能够通过单品过亿元，那么无论如何这是可以培养的单品。就像当年的加多宝，仅几个市场，在3年内能够做到过亿元，说明产品本身具备"销售驱动力"，这个时候企业要做的路径选择应该是要么聚焦，要么出新品。加多宝选择了出新品，前提是保证原有产品继续增长，但不扩张。加多宝不扩张是因为所有权问题和集中精力做新品。一直以来，加多宝营销团队对很多亿元级别企业进行研究，并且认为企业不能盲目地为聚焦而聚焦，这样容易丧失很多发展机会。加多宝正是听取了咨询公司的意见，聚焦做红罐，坚决不做PET，从而造成了防御战的失误，成就了和其正的成长。同时更不能单纯地为了出新品而出新品，加多宝茶的失败就是因为做了"推新品"这个路径选择，却选错了路口，即"做什么新品""怎么做新品"。多宝营销认为，所谓战略就是选择做正确的事情，而战术和管理就是保证把事做正确。由于这次失败，加多宝出现了针对战略决策及战术选择与执行的思维方式和工具，即4M体系：Marketing（市场机会）、Management（管理系统和资源）、Model（模式）、Money（与钱相关的系统）。笔者曾经做过总结，假如当年不做加多宝茶，而直接持续做加多宝会是什么样的结果？其实，做企业没有如果。任何一个决策都有其内在因缘和外在影响的因素。从加多宝现在的状态来看，20年辛苦创建的品牌顷刻间易主，20年塑造品牌的梦想也在几个月便建立起来，真是世事无常。任何选择其实没有对错，只有得与失。亿元企业能否成功突围，产品选择至关重要。但即使失败，这也是成长路上的经验和教训，为再次发力冲锋、为更上一层楼蓄积力量。

第二，市场与渠道加减法。我们知道，要想实现业绩增长，除了推出新品，就是增加渠道和扩大销售区域，也就是我们通常所说的"让更多人卖，让买的人更多"。当企业成长到一定规模的时候再开始研究"让人卖得更多，让人买得更多"。渠道扩张和区域扩张是实现业绩增长最直接的方式，也是亿元级别企业最稳妥的突围策略。虽然是扩张，看上去只要做加法不必做减法，其实不然！1995年，加多宝刚上市，就进行了全国招商，在30多个省都有了经销商，但在短短3个月内，迅速回收到温州和广东，并集中精力深耕根据地市场。温州市场稳定之后，逐渐通过自然辐射模式，开拓了台州和丽水市场，因为温州、台州、丽水这三个浙南城市之间的联系非常紧密。但在仅一水之隔的金华、宁波等地直到2003年才全面开拓。企业不仅要对扩张市场进行选择，更要对渠道客户进行选择。在选择过程中，尽管我们有很多的标准和规则，还是不能够保证都是"火眼金睛"，能够百发百中，保证每次选择都是对的。所以，这个阶段的核心就叫作"摸着石头过河"，通过试探性的扩张，以渗透为主，布建渠道基础。如能够产生自然动销，则开始适当发力，尤其是食品饮料类的产品，市场认知有一定的周期，并且区域间差异也非常明显。因此，摸着石头过河的过程,也是企业在扩张中不断纠偏、不断积累资源、不断做加减法的过程。当然,有选择必有得失。

综上所述,怎样选到适合企业的路径?多宝咨询认为,尽管选择必有得失,尽管要"摸着石头过河",但是在路径选择方面还是有规律可循。核心方法就是进行企业内部系统化建设,让企业承担最小的风险、走最少的弯路、练就强大的企业身心素质,从而无论做出什么样的选择,都能够所向披靡。只有做好企业自身的修炼,才能够真正把命运掌握在自己手里,达到有做必胜的境地,而不是像赌博去押宝在企业外部资源上。虽然说条条大路通罗马,但也有弯路和直路之分。通过企业不断地修炼自身,才是突围的康庄大道。

如果说突破 5 亿元之前都是以赚钱为核心运营的话,那么 5 亿元之后的经营应该是通过市场投入做强和做大的问题了。

二、三场会议,企业发展的三大里程碑节点

1. 2005 年桂林,三权分立

桂林会议,主要解决如何让三权分立保持"协调作战",而非陷入内耗的问题,怎么花钱能确保物有所值,特别是调和监察与其他两部门的内部矛盾。

企业内部的"纪委",往往都是既不赚钱又不花钱且还得管着这两边的人,如何制衡方能无掣肘之嫌?这一专属于老板的心腹岗位,究竟什么特点、什么专长的人能胜任?为何设置监察部门,目标是什么?它的定位决定了它的地位,内部体系的定位需要协调一致,经营任务决定了每个人的任务。销售部门是实现业绩,关注时效性;市场部门保证品牌和市场的持续性;监察部是评定合理性。桂林会议对责权利做了明确界定,阳生、陈强和陈宇辉各司其职。

2. 2006 年黄山,五分天下

黄山会议承接三权分立的新体系,着手研究

执行系统搭配市场分类的策略，对全国市场进行了分门别类的划分，调兵遣将，布局全国。同时对核心市场、潜力市场、开拓市场、策略市场四大类别市场进行划分，对应着全国六个大区的市场归属，即华南（广东福建和浙江）、西北（陕甘宁新疆青海五省）、西南（云贵重庆加西藏）、华北（京津冀，东北三省加内蒙古）、华中和华东。

不同市场所执行的市场战略也有所不同，北京、上海、西安和成都都属于必须要攻下的属地，甚至不考虑市场规模与投入的比例，看重的就是中心市场的传播能力和影响力。例如，成都不仅影响四川，对云南和贵州等周边省份同样影响深远，许多川藏的干部在成都办公，对于品牌辐射周边意义深远。而加多宝在成都的代理商老张，是一个耿直憨厚、话也不会多说的老头，他曾在加多宝起步阶段就认定了跟着陈生干，从几辆小推车开始一直坚持了十几年，中途数次险些撑不下去。他坚持到2008年，此时，成都也只有他一个代理商，自然是赚到盆满钵满。

3. 2008 年三亚，一统江山

品类战略成功落地，企业到达百亿元的规模了，对应也有巨大的投入，进入生态推动的时代了。同样一拨人七八年后，就会出现百万、千万、亿万级经销商，心态和状态都发生了巨变。市场在成长，消费者的认知也有变化，从老板的企业成长为社会的企业。社会责任的建立，生态环境的变化，都被称之为"成长的烦恼"。

走深入市场化还是高度社会化的道路？加多宝选择了前者，由此奠定了阳生一统全国市场的格局，也让加多宝制订了真正意义上的国际战略。2007 年之前，加多宝的总经理只负责生产制造凉茶，而销售渠道、市场培育则不在其职权范围。同时老板又远在香港，企业没有全盘操控的领袖，日常运行中缺乏统一领导。经过数年的积累沉淀，各个部门内部运作及管理体系日渐成熟，需要结束群龙无首的状态，急需选出"总司令"，威望和资源足以让阳生顺利上位。

三亚会议后，加多宝在全国范围内成立了东

西南北中五个总经理负责制的分公司，把大部分营销费用划归到总部的销售部，由其中的市场部主责。通过区域的基层制衡，达到公司总部集权的核心目的。当利益与矛盾相互摩擦并爆发的时候，公司环境必将随之调整，原本相对单纯的同事关系开始变得微妙并复杂起来。

第三节 亿元级企业需要克服哪些问题

亿元级别的企业形态各有不同，所面临的问题也有几种形态：有的是内部经营管理遇到了很多困惑；有的在与大企业竞争中感觉越来越被动、越来越力不从心；有的是感慨近年的国进民退；有的恰好遭遇了行业的低迷期而增长乏力。对于外部环境靠企业单方面努力难以改变，企业要想发展突破瓶颈只能从自身找原因。我们将这些与企业自身相关的问题归纳了如下几个方面。

第一，产品问题。达到亿元级别的企业已经能够生产出品质过硬的产品，但缺乏畅销单品，或畅销单品只能局限于特定区域。这个时候令企业头疼的是，要找到能够畅销的单品或能够进行市场扩张的单品，需要在产品选择上交学费，是这个时期企业面临的最大挑战。老产品不给力、新产品没有建树，考验着企业的决策力和毅力。如何在产品升级和聚焦方面做加减乘除法，是企业决策者应该着重考虑并切身躬行的主要任务。

第二，渠道问题。通常亿元级别企业的产品在经销商手里都算不上主要利润来源，这就导致企业很难占据主要渠道资源，在渠道政策方面也缺少话语权，使客户的忠诚度和支持度不高。有些企业会有意识地在渠道管理方面推进系统化，虽然短期内有一定效果，但是在实际运行过程中会发现渠道维护成本高。原本客户自己能够解决的问题，等开始进行客户维护后问题都来了。综合这些现实问题，逼迫企业无奈地选择价格战。品牌不给力，除了价格也确实难以拿出征服渠道的王牌。亿元级别企业到底该做怎样的渠道设计？如何做渠道管理？这些都是困扰这个段位企业的大问题。

第三,品牌问题。通常这个级别的企业很难称得上是品牌,虽然调味品企业中也有些历史悠久的牌子,但距离真正的品牌还差很远。主要表现在知名度不高,或有知名度但缺少美誉度,或知名度美誉度都有,可却是增长乏力。

第四,团队问题。在笔者所接触的这个级别的企业中,通常都有过找大牌"职业经理"来操盘的经历,大部分结果并不理想。好像越是大牌,越是级别高的"职业经理"损失越惨重。按照一般逻辑来说,有能力的人来了就要做点大事,结果做的事情越大风险也就越大,企业交的学费也就越多。在此并无贬低"职业经理"的意思,当大企业高管空降中小企业"水土不服"成为一种普遍现象的时候,这不只是单方面的原因。那到底应该如何建立起一支有战斗力的团队呢?这是这个时期老板们最为困惑的问题。

第四节　关乎企业灵魂的五个假如

第一，假如从一开始就区别性地使用品牌，结局会不一样吗？

2004 年，在加多宝走向全国的时候，内部就曾有过一种声音，认为王老吉的知名度仅限于浙江广东一带，在拓展新市场时应使用加多宝品牌，传统江浙区域内等多年运作后再"一统江山"。其实在加多宝内部，早已认识到当时使用的品牌迟早会被收回，而这种声音最终不了了之。细想下来，是陈鸿道的情怀使然，还是职业经理人缺乏格局的深度思考？对于品牌的争论与思考，从内到外，从开始到现在，一直没有停止过。

第二，假如陈生没有远遁香港，坚持参与公司管理，企业走向会有何不同？

"小企业天天做决策，大企业却是有节奏、有规律地决策，卓越的企业主动做决策"。这是任何担任过大企业高层管理者的共同感知。不够成熟的企业，有事就做决策，而成熟的企业是体制在做决策。

职业经理人不会帮老板建立决策机制，因为承担责任的压力过大。他们朝九晚五照常休假，绝大部分精力都在自己的工资上，面对机会永远是身在曹营心在汉。而有多少人敢在企业里消失一个月？又有多少人能站在第三者的角度审视企业？

老板的精力在哪里，企业的战略就在哪里。企业的战略在哪里，决定了它的核心竞争力在哪里，决定了他的团队在哪里。那么老板应该如何对自己进行定位？

机制靠人，当核心人在时，既是机制的消灭者，又是推动者。大部分老板都天天在用脑，如果陈生天天参与企业管理，决策机制建设会不会如此快速地推进？

第三，假如2008年攻下全国后，迅速运行大品类多元化发展的战略，能否助力加多宝这只篮子装得更多？

从一个百亿级别跨至千亿级，一直是加多宝孜孜以求的梦想。脉动、植物蛋白饮料等新品类大幅增长的时候，我们已经预测到。假如那时候不用所谓聚焦来困住，是否能做到更大？作为老板，应该清楚你的功能节点，如何看待机会？

陈生看到了水危机，所以他要做昆仑山饮用水，在大趋势上看准了市场机会，做的是未来。而外行的企业虽然投入重金，也难以买到智慧和资源。就像是再有钱的煤老板，也打造不出拥有加多宝战斗力的团队，即使花重金请来操盘手，一定也救不了他的企业。再有才能的职业经理人，也不会考虑老板决策层的问题，因为他的格局、能力、角度和资源决定了这一切。

第四，假如加多宝在资本市场有所作为，是

否会大有可为？

如同蒙牛加入中粮系后变身国企，或成为中投系的一员。在中国经营一家如此大规模的企业，与政府的关系不能太远也不能太近，更不能较劲。当前很多北方企业与政府有着千丝万缕的联系，如无资本傍身，谈何容易。

加多宝在积极支援地震灾区之后，其社会影响力得到广泛传播。当舟曲发生泥石流灾害后，大批企业模仿加多宝的做法，使用挂有企业标识和名称的车队向灾区运送方便面和面包。然而这些企业并不具备专业的救灾知识，也不具备相应的救灾经验，盲目前往阻挡了后续救援的车队，使宝贵的交通要道发生严重的拥堵。其结果就是大量的货物运不到灾区，不仅添乱，也达不到预期的效果。这一行为招致了社会舆论一边倒的批评。因为有了此次的前车之鉴，当雅安地震等其他自然灾害发生时，再也没有出现如此荒唐的企业行为。不过，当企业的出发点有问题时，每个人都会察觉，其结果也会不尽如人意。

事件营销不是博眼球,不是爆关注点,不然会引来反面效应。很多企业对传播的理解太过于肤浅。《疯传》一度被奉为互联网时代的圣经,因为招数只是表面,却没有太大关系。拿大秦帝国来说,秦始皇一统天下,秦孝公打了多年,以商鞅变法养精蓄锐。有连续性才能成功,要有脉络上的布局,有把握、有节点,有规律可循。

第二章
Chapter 2

超级单品的取胜之道

第二章
超级单品的取胜之道

一个饮料单品首要解决的问题,是让消费者敢喝、愿意喝,好喝是第二步的事情。在饮料的新品操作过程中,战术节奏是让一部分人先喝起来。

敢喝的前提是有品牌背书,像可口可乐、农夫山泉拥有强大的品牌,如同市场消费的一个信任状。为什么香飘飘奶茶广告上一直说一年卖5亿,意在表明卖这么多都没问题,让消费者放心喝。这是口碑背书,通过口碑背书来提升公信力。在新品创新过程中,不用担心只有少数人喝,只要有人敢喝、愿意喝,这个饮料就能成功,剩下的就是喝多少的问题了。这就对应企业对于品牌的长期规划,说白了就是时间和成本的投入预期。

曾经有一个饮料产品在市场和广告上投入很

多，产品质量过硬，口感上是易于接受的人参饮料，售价10元一瓶也相对公道。但入市后遇冷，原因是没有品牌的企业做一个新品类饮料，没有饮用基础导致无人敢喝。

而有品牌的企业在消费场景和代入感上也有局限。例如，可口可乐在2006年投入重金打造的凉茶饮料，请张学友做代言人，最终也是遗憾败走。虽然有可口可乐强大的品牌背书，但市场与消费者都有碳酸饮料的品类习惯性认知，很难接受凉茶与可乐的融合，产生不了消费场景的代入感。

刷爆朋友圈的××冰泉案例，直接反映了常规的营销法则对饮料行业的水土不服。某公司一贯擅长在终端广告上营造铺天盖地的宣传效果，但对消费者的心理洞察却停留在相对初级阶段。饮用水的口感对老百姓来说并无差别，用品牌背书解决了解渴的问题，持续性愿意喝的问题，却是致命一击。攻心为上，需要长久的积累和品牌认知的沉淀，这个过程农夫山泉花了十年才完成。

××冰泉却想在短时期内一招中的,结果是来得快,去得也快。没有深刻的印象,没有在消费者心理扎根。饮料品类的产品生命周期,任何一个产品都绕不开。

第一节 饮料新品成活七律

笔者经历了数十种饮料新品运作全过程,有销声匿迹的,也有目前势头强劲的。总结多年行业经验和教训,提炼出一套切实有效的操作方法,暂且把这些方法称为新品上市七律吧,实际是七个保证新品成活的步骤和规律。然而没有放之四海而皆准的道理,这七条可能也不够完善,也可能过于冗沓。只希望能够抛砖引玉,为中国饮料企业成长添点微薄之力。

一、制造悬念

营销往往是这样,越是上来就拼命推的东西,接受度就越低,尤其对竞争激烈的产品,此现象更加明显。制造悬念的传播方式既打破了消费者的心智防御坚冰,又以自然而然的方式进入。消费者总是愿意接受与在心智中已经被认可的概念相关联的信息。

所谓制造悬念,就是在产品上市之初给予一定时期的预热,这种预热讲究品类预热,而不是对新品品牌。甚至可以反其道而行之,可以强调新品的功能、特点等,最好避免出现新品名称,盖头要在最合适的时候掀开。

雪花啤酒在进入广东市场的时候,预热做得非常巧妙,运用"3月15日要下雪"的广告语,使其平面广告遍布东莞的候车亭和广告牌,丝毫没有出现雪花啤酒的信息。大概一个星期左右,雪花啤酒上市,画面随即换成了雪花啤酒,平面广告语变为"雪花真的来了"。

正是借助这一经典开场白,雪花在较短的时间里进入了广东啤酒市场前三甲。

对于悬念的制造一定要因地制宜、因势利导,最好能够让人感觉那不是广告而是新闻，让人不经意间加深印象，甚至盼望。其微妙之处就在于能够解决新品上市动销不了的老毛病。

二、稳扎稳打

种子种到地里之后，需要适当浇水、施肥并控制合适温度，才能够发芽、生长。并不会因为多施肥、多浇水就长得快，反而还会影响正常生长。品牌的成长也一样，在诸多因素未成熟之前就高举高打，不但产生不了消费者共鸣，反而还加速了品牌信息远离消费者心智。

新品刚上市，很多企业都喜欢博个开门红，而且一般营销人员都会让领导满意。结果就像垃圾股上市一样，发行价即为最高价，一路狂泻。很多新品也是上市第一个月销量最高，后来逐渐下滑。这时候企业一般会采取紧急措施，即加大促销力度、加大广告投入，并且会不断地给团队和客户鼓劲，认为坚持就是胜利。最后，没坚持来胜利，却要收拾烂摊子。

2007年，深圳某保健品企业进入凉茶行业，希望能够借凉茶摆脱保健品行业的窘境。结果新品上市后，收回了少部分货款，就开始请代言人、投广告，丝毫不去研究消费者如何认识这个新品凉茶。企业领导者凭着做保健品的一腔热血和缺乏诚信的招数经营市场。结果，这种不遗余力的高举高打不但没有带来高销量的回报，反而造就了一堆烂账，成为行业笑柄。

新品到了市场上就像播到地里的种子，需要有一个过程和适应期，条件充分满足才能生根发芽。新品的概念和信息到达消费者心智也需要一定时间。正所谓，欲速则不达。

三、结盟伙伴

种子发芽之后，需要很多辅助措施，如锄草、嫁接等才能成长、结果，最终收获。品牌的成长同样需要呵护，找到合适的伙伴，促成合适的结盟，是品牌成长道路上不可或缺的资源。

新品到了市场后，很多合作关系都是新的，

客户需要了解企业，企业需要了解客户，加上团队也是新的，不可避免地需要磨合期。

在国内，很多饮料新品都不是饮料行业企业推出的。这就决定了它们没有成熟的渠道体系和专业的团队，即便花重金组建了看似强大的队伍，但这些人来自四面八方，团队的融合也需要过程。笔者在跟一些同行闲聊时经常感叹，操作一个新品要牺牲掉几批人。

新品上市必然带来新的生意模式，说白了，就是要建立起最适合和消费者做生意的生意模式。在饮料行业要想立足新的品牌，没有联盟和伙伴关系的客户资源配合，几乎是不可能的，这也许就是中国市场的潜规则。

娃哈哈所采取的代理销售模式能够在众多通路精耕企业的挤压下取得成功，很大程度上就是依赖建立在联盟和伙伴关系基础上的联销体。宗庆后可以说深谙此道，娃哈哈的经销商也都戏称宗为老板，可见关系之密切和融洽。

四、品类创新

新品进入市场并不是强调比原有产品更好,这只会给领导品牌做嫁衣。当成熟品类竞争到一定程度时就会进化或分化,而只有分化才会产生新的品类。新品上市之初要判断品类是在进化还是在分化。

新品上市的过程像一场经过谋划的"抢滩登陆战"。一般产品上市通常会在初期大张旗鼓,广告狂轰滥炸。这样的打法多半是给经销商看的。对消费者而言,不但建立不起长久的关系,反而会更加反感。新产品进入市场要解决的核心问题是与消费者建立关系,即信任问题。初来乍到就高举高打,知名度上去了,但是否真正建立了关键的信任度,还很难说。产品要能够在市场上立足,其根本是要在消费者心智中立足。很多企业在推新产品之前都会问一个问题:市场有多大?

新产品在推出之前对市场的预估应该是对消费者心智的预估,而绝非判断市场总量有多大。

新品类在品牌出现之前市场容量是零，就像可口可乐出现之前可乐的市场是零，JEEP 出现之前 SUV 的市场为零。

笔者曾经接触过一位东北的企业家，他们做了一款香菇饮料。看似是新的品类，但实际上这不是消费者心智中实际存在的，需要花费非常大的成本去培育，而且还不一定能够培育出来。

品类创新的核心一定要与消费者心智中传统的观念相关联，人们总是愿意接受和已经被自己认可的观念类似的信息，并会试图去证明自己是对的。

每年我们会看到很多饮料新品，但大多坚持不到一年。虽然，饮料的进入门槛很低，但要立足却很苛刻。这都是品类惹的祸。

五、取个好名

当新的品类被分出来以后，就要找到占据这个品类的最佳品牌，并让品牌成为品类的代表。品类名称简单，品牌最后能够代表品类，但不一定要同名。

例如，可口可乐：现在我们已经直接用可乐代表了；红牛：能量饮料的代表；联邦快递：在国外，很多人都是直接说给他 Fedex 一下。

现在市面上有很多取名的公司，找他们取名还可以，但要做营销，还是务实一点，从做品类研究开始，根据消费者心智资源来确定名称。

六、聚焦打透

聚焦：是在竞争市场环境下最有价值也是最有效的战略。

打透：强调企业的恒心和持久执行力，心无旁骛。

在有了令人一目了然的名字之后，并不是就一劳永逸了。企业推出新品时，通常会发现有一大堆特性可以为品牌镀金，到底应该聚焦在哪个特性上？这个问题相信困扰过很多推出新品的企业。

聚焦要做的工作就是让传播变得简单，让信

息变得简单。把简单的事情变复杂很容易，但把复杂的事情变简单则很难。信息爆炸的时代，消费者每天接受的信息量越来越多，但通常消费者能够记住的同一品类的品牌不会超过 7 个，而不经常使用的品类最多能记住 2~3 个。因此，在市场营销中消费者心智资源成为竞争最为激烈的战场。

如何能够在消费者大脑中形成印象，哪怕是一点点？

最实效的办法就是把信息变得简单。

聚焦要做的工作就是坚持只传播这种简单的信息。

聚焦是成就品牌的关键。

把信息变得简单是聚焦的关键。

聚焦应该聚在品类在消费者心智中第一的位置上。

七、软性推出

完成前面六步的规划，消费者虽然接受了产

第二章
超级单品的取胜之道

品,但还不稳定,经过聚焦后仍然需要用柔和的手段深入消费者心智,而不是使用"暴力传播"。

新产品在市场上与消费者建立关系的时间应该有多长?这是很多营销人员会问到的问题,实际上由很多因素来决定。在办公室里设计出来的品牌,即便有很多的调研,再加上专业机构及经验丰富的营销人员参与,新品是不是真正能够在消费者心智中存活,只有在市场进行实践才有真正的发言权。

现在很多农产品上市周期很短,很多人都会觉得现在的西瓜没有以前的甜了,猪肉没有以前的香了,根本原因是生长周期不够。新品的推出同样需要一定的生长周期。

新品上市就要做大力度的"空中轰炸",这是很多企业和营销人员的误区。就像小猪被催肥成出栏的猪一样,催肥起来的猪肉味道肯定不如自然生长的味道。而且,催肥到一定程度的品牌像猪一样避免不了被宰杀的命运。

现在大多数新产品上市还是以"诺曼底登陆"

的方式展开，产品在广告轰炸和强力促销的支持下登陆。这种方式加速了新品的死亡速度。

可口可乐公司在2006年推出了健××房系列植物饮料，并请了明星做代言，以"三重清凉不上火"为诉求，矛头直指已经红得发紫的加多宝。可口可乐公司加大投资力度，广告铺天盖地，卖场陈列非常有气势，终端活动也做得极具声势，但不到一年便偃旗息鼓了，落得个不得不收货的尴尬境地。大企业推新品更容易犯大错误。

加多宝在市场初期便意识到与消费者建立信任关系的重要性，并没有大肆地做广告宣传和促销拉动，而是通过非常软性公关和公益活动逐渐接触消费者，尝试与消费者建立稳固的关系，采取逐步渗透的方式进行"润物细无声"的推广。在积累到一定基础之后适时加强传播"怕上火，喝王老吉"的信息，迅速巩固已经初步占据消费者心智的认识，从而也树立起强大的区隔壁垒，导致后期很多跟进品牌根本占不到便宜。有业内人士戏言称，加多宝的成功害了很多企业。广告，对于新品作用不在于前期，而在于与消费者建立公共关系，是稳固和扩大关系的必要手段。

新品上市之初与消费者的关系还不明朗，即便推出广告，也很有可能使消费者不知所云，不仅浪费了广告费，更加重了消费者的不信任感。

软性推出的作用就在于以自然的方式逐步渗透到消费者心智中，因为人们都排斥强加给自己的观念。

八、总结

用国学阐释营销，儒家文化的"儒"字为"人+需"，营销即为解决人的需求。笔者认为，更加确切的是人的心智的需求。任何能够在市场上立足的饮料新品都必然具有充分的"修为"，能够把各项事情做到圆融，不求每个消费者都喜欢，但求不要被排斥。

第二节　饮料行业的现实与未来

饮料是市场化程度最高、营销最深度、影响力最广、传统与创新并存的行业。

中国饮料三十年的发展，从周期理论来看已经进入了成熟期。

多宝咨询研究发现，从发展模式划分可以分为如下四种。

1. 弄潮模式

引用一句流行的互联网名词，"选对了风口，猪都能飞起来"。这个模式多产生于中国饮料发展初期，也是中国饮料处女地的开发时期，大量刚性需求得以释放，只要装到瓶子里就能卖出去。

2. 圈地模式

当饮料市场逐步进入供需平衡的时期，粗放式管理的弊端开始显现。一些模式成熟、体系健全的企业开始在部分市场占据主导地位，并最终成就了企业的做大做强。我们称之为圈地模式，即通过一款强势产品打通流通渠道并在消费者心中建立了一定的品牌知名度。圈地模式是圈产品的地、圈渠道的地、圈区域市场的地。此种模式也造就了多家规模较大的企业如娃哈哈、达利等，能够通过一款"畅销品+成熟渠道"的基础资源，逐渐推出创新单品和跟风产品，迅速扩大规模。

3. 围城模式

随着竞争的加剧，建立在渠道红利基础上的圈地运动越来越难，表现在招商模式的没落。随之兴起了"通路精耕"，决胜终端成为这一模式的核心，生动化作为动销配称，在21世纪初成就了以康师傅为代表的台资企业。

4. 攻心模式

当深度分销弊端开始显现的时候，饮料市场

单品成活率越来越低。加上自媒体的兴起，传播成本日益攀高，2008年以后成长为全国品牌的饮料传奇越来越少。

这主要是由消费者认知日益成熟所致，随着"90后"逐渐成为消费主力，出现了更加个性化的选择，对企业的推广能力要求随之提高。加多宝也正是在这一时期实现了品牌的华丽转身。

第三篇

我与加多宝的十年

第一章
Chapter 1

初入加多宝

第一章
初入加多宝

第一节　与加多宝结缘

1998年7月，我怀揣着P&G宝洁的Offer，跟同学曾杰一起坐上了从北京前往广州的列车。夏日炎炎，我俩下车后，拖着行李在巨大的广场上蹒跚而行。突然，路遇两个皮肤黝黑的歹人，要抢劫一名矮胖旅客的行李。我们作为校篮球队主力相视一笑，豪气冲天大喝一声镇住了劫匪。劫匪并不恋战，边跑边用广东话喊别管闲事。那个从地上爬起来的家伙，拉着我们立即钻入一辆出租车并说去高尔夫大厦，一路上用广东味的普通话感谢我们。我们稀里糊涂跟着他来到高尔夫大厦，看到里面摆满了八宝粥罐。当时也没有手机，他介绍自己叫张秋田，并记下了我们的姓名，约好下周五再来此地相会。我们如期赴约，张秋田用广州话跟一位和蔼的老头叽咕了一会儿，转身跟我们说："来我们这边干吧，卖八宝粥和饮料，每月3500元加提成。"曾杰当下就很兴奋，而我捏着得来不易的宝洁公司聘书，无比纠结，卖洗发水和八宝粥哪个合适？想想一个人不洗头惨不过饿肚子，心一横，就来加多宝吧。

公司内部都称呼老板为陈生，还有负责市场的副总裁阳生和负责销售的副总裁陶生。我被安排在以阳生为首的庞大的市场部，曾杰则被分配到只有几个人的监察部。对于初入职场的我，第一次见到宽大而气派的办公室。奇怪的是，陈生老板椅的背后挂的不是名人字画，而是一个破旧篮球。入职后我向同事打听，有个自称老人其实就比我早一年入职的家伙说，这是陈生在深圳当体育老师时，一天晚上抱着篮球跳入海中游到了香港，九死一生后才在香港立足，做了买卖人。我将信将疑，肃然起敬之际，也记住了那个新同事，市场部陶生的下属温州销售主管李景有。

　　这个旧篮球一直萦绕在我的脑海中，它应该是陈生在感怀那个时代自己对生死的一种感悟。成为老板必然有过人的格局，而他又是如何看待生死的？有了生死的考验，相信他既有独特的性格，而同时必然也有强大的偏执吧。怪不得他的酒量大到让人叹为观止，第一次建厂的庆功酒就把所有人喝趴下了，而他却没事。

　　1998年，第一个工厂在陈生的老家——东莞长安开建，一度因资金紧张到工资开不出来，而在这种情况下又要稳住工人，无奈之下在浙南市场以买二送一的代价，换回了全公司半年的工资。阳生、陶生带着销售部经理陈强、王月贵和李景有几个壮劳力风尘仆仆地飞往温州，把从经销商那里收来的现金带回到东莞给大家发工资。而当时我在市场部去给业户发返利也只能背着一个大包，装有几百到几千元的现金，用预付来延缓压力。时间久了，路桥市场的经销商们一看见我，都笑称"财神爷"来了，一来二去，客情关系格外融洽，以至于现金发放到手的制度至今仍在沿用。

大概因为陈生是批发部出身，太了解经销商的心理。不以人的转移为基础的企业客情关系沉淀，成了加多宝日后渠道为重的制胜法门。他曾亲口跟我说过，在中国做生意就是做人，一句话鼓舞了当时25岁的我立志于在市场部干。当一个默默无闻的小人物，一个职场菜鸟与新人在初入茅庐的时候肩负重任与赏识，岂能不有所作为。

第二节　有所作为

2000年以后，在大本营市场广东和温州，加多宝的根还不够深。在一次公司大会上，陈生首先要求市场部搞出些动静来。阳生片刻不敢耽误，即刻开会，陈强和王月贵都低头扮沉思状，李景有还悄悄问我，什么是做消费者的活动？为了让陈生和阳生对我多看一眼，更要在同事中显得上进，我溜到图书馆淘到了飞利浦科特勒的《营销管理学》第六版，自学了4P、消费者等知识。此后，在一次会议上，我用理论模型做了一个很花哨的方案，引得大家刮目相看。散会前陈生还特意要求人手一本《营销管理学》。尝到甜头后的我岂能停步？温州有个传统，当一个孩子高中毕业后家长都会组织谢师宴，毕业季的热闹催生了一个庞大的市场，加多宝如何与谢师宴建立联系？带着朴素的理念，怀揣着4P绝学，闷头干，没有营销费，喷画布只有上海能做，那我就找市场部的实习生帮忙。这姑娘有些漂亮，却不苟言笑，从不参加同事聚会之类的活动，人送外号"太后"。有个姑娘陪着加班，充满动力的我很快写好了一个与情有关的方案，即"学子情"。去找李景有时，又碰了一鼻子灰，他表示没听懂。我就去找阳生，他笑眯眯地问我，准备花多少钱？一下子把我问愣了，我居然没有花钱的意识。回去研究，钱该往哪里花？书里没有答案。赚钱没有问题时如何花钱、花好钱到目前依然是困扰着大部分企业的难题，更是中国企业老板们的心头恨吧。

挖空心思编了一个预算，总共预算加起来9万元。当阳生看到这笔巨款时面无表情，并说你胆子够大，要不自己去跟老板说吧。于是我勇敢地敲开了陈生的门。自1999年新建工厂以来，作为第一个进陈生办公室的基层员工，我感受着他气定神闲的定力，映衬着玻璃门上的破篮球。在一场带浓厚东莞口音的粤语与带山东味普通话的艰苦交流后，陈生淡淡地用白话说了一句"就照你说的办吧"，并在我那两页纸的方案上签下了名字。

初生牛犊不怕虎，要到 9 万元巨款的我，也让阳生和李景有大跌眼镜。我成了"学子情"的主策及负责人，突然间觉得压力很大。

电话多了起来，人生地不熟，对形势雾里看花，对人分不清孰敌孰友。我成了挂在树上的猴子，往上看全是屁股，往下看都是笑脸，左右都是耳目。

报纸上登的一则团市委赞助学习优异的贫困生的报道让我茅塞顿开。我几乎三天没合眼，敲定了活动执行案，即第一届"学子情"，赞助十名学习优异贫困生，每人 5000 元。在温州最高档的酒店开发布会（当时缺少吐槽渠道，否则在当今一定会被喷）呼应了第一只宣传片的主题语"天地正气王老吉"。这种充满正能量的公益活动在当时凤毛麟角，所以迅速成为热点，媒体纷纷报道，换来了品牌形象和传播效应的叠加，甚至超过了我的预期。我隐隐看到阳生和陈强赞许的目光、"太后"对我崇拜的目光以及李景有阴沉的脸色。而此时我最想做的，却是在酒店附赠的房间里大睡一场。

"学子情"打开了谢师宴的市场口子，也成为今后市场部推广活动的标配，每年都会有系统庞大的"学子情"公益活动，后期还注册了品牌。有了这个基础，我抓紧跟"太后"启动了婚宴市场的切入点。

当年温州暴发户集体攀比，婚宴标准高达3000元每桌，单是饮料支出占到5%～10%，其中酒用五粮液，烟用中华。我们与销售部合计，推出了婚宴中"三红"必备的说法，将红罐凉茶顺理成章地带了进去，着手开始策划下一步的活动。

同时，与温州电视台的合作也有了起色。起初的广告片虽然意境十足，但毕竟促销效果有限，我与电视台台长反复沟通，在年终以寄信方式进行有奖收视活动,以一箱凉茶为奖品,初步建立了品牌意识,倒推餐饮销售额大幅增长。

销售部也没闲着,老陶调动手下的台州主管徐建新和温州主管李景有商谈经销商积压货源问题。李景有下属黄旭艮去各大饭店铺货,徐建新则带领新兵挨个宴请经销商,亲自点烟敬酒,并记住每个人喜欢的饭菜以待下次机会。当时酒风盛行的温州,酒量就代表业务员的销量。徐建新平时是个闷葫芦,跟代理商赵正杰在酒桌上打赌,1瓶啤酒1000箱货款,喝了13瓶后滚到桌下。多年以后一次厂家大促,经销商倒回来申请补贴时,赵正杰也被逼着喝足了13瓶。

浙南人精明、豪爽,大多脾性相投,很容易就形成了相互帮扶的文化氛围。在这种精神推动下,加多宝凉茶顺利撬开了台州市场。

温州市场一炮而红,随即老陶上位,王月贵、"太后"都归至他麾下。李景有调往浙南负责温州、台州、丽水,算是升了半级。而我在年会上领了优秀员工奖,风风光光调入了总部。

第三节　东莞豪情

深圳和东莞素有"世界工厂""中国斯巴达"之称。自从加入总部，我的生活也变得忙碌又生动起来。部门周例会、市场部月例会时，各地的区域经理都汇聚总部。大家称呼自己部门负责人都叫"老大"或"老板"，而他们也乐意被如此称呼，有种香港老大的气场。各位老大们豪气，每次会后必去犒赏兄弟们一番。大家喝酒、吹牛、聊段子，十分融洽亲近。明红川菜馆是我们常去的饭店之一，它改良的粤式川菜适合外乡人口味。阳生爱吃辣，年轻人都不是他对手；陈生能喝酒，一斤高度内蒙古白干，把桌上的都喝趴下了。以至于很多年后我们去东莞开会,变成了既有压力又相当神往的活动。

作为"70后""80后"的营销人,年少多金、自由、开放,成就了加多宝的辉煌,而且也对东莞的发展贡献了些许力量。当地人形象地把外地来务工的人,叫作"捞仔"。这倒也形象,因为我们没有归属感,不会在东莞扎根,甚至许多都是周末夫妻档。

东莞是陈生的故乡,这个家门口的市场,从生产到市场都具备得天独厚的条件。气候炎热,饮料快消品消耗量巨大。外来人口众多,劳动力廉价,这些"捞仔"能吃苦、爱拼搏、想成功,远比在其他地方搭建营销队伍容易。

东莞有物美价廉的商务应酬服务体系,在那里有全国菜系的正宗馆子,欢场登峰造极。这种让人心驰神往的"综合性配套"设施,足以扩大一个规模性企业的市场基础。加多宝每年一次的经销商大会,组织参观企业,进行文化熏陶。有一个浙江的经销商老戴,把每年一次的经销商大会变成每月一次，跟着省区经理回来开月会，成了全公司都在调侃的谈资。

陈生普通话一直不好，大多时候言语不多。在茶饮料失败后，他整个人更加沉默了。那个时候，他甚至跟营销部的人一起走市场去研究方案。2002年12月，陈生带着十个营销部骨干去日本考察茶饮料市场，那是我第一次吃到了真正的神户牛肉和日式料理，看到了传说中的艺伎。此时日本的茶饮料市场处于爆发式的增长期，各种花样翻新。回来写报告的时候我兴奋地参照事实大书特书，却被阳生骂了一顿，把最终报告的结论调整成冰红茶这个品类不能做了。我才恍然大悟，原来是陈生想找个台阶下罢了，不是因为市场而是因为内部的很多隐患。

加多宝中做茶饮料的元老们，在2003年的功能饮料市场上一方面经历苦战，另一方面却使公司利益受损。

第二章

Chapter 2

英雄不问出处

第二章
英雄不问出处

2002年,加多宝开始着手研究定位、品类、策略等核心问题,不惜重金聘任了数家国内一线咨询机构。内部成立了定位小组,营销部的人都跃跃欲试想加入。由于我有市场与销售的双重经历,很自然地被选中。只是每天都在夹杂着各种港台腔、粤语、时不时蹦出英文的会议环境里,让我这个北方爷们十分不爽。

定位组的负责人武钢,一个愤青式文青,穿着立领中山装看起来像个老学究,与那些奇装异服的咨询公司人员反差十分明显。他自称读过12本关于定位的书,翻来覆去的都是概念,说了等于没说,大家都有同感。同组的邓德龙,人称阿龙,陈吉峰(广东人)、耿一成,各有千秋,每天大家书山文海,间歇性集体抽烟。我们手上主力用的有两家咨询公司：一家是蓝田，专业的市场调研机构；另一家是成美，做定位策划的咨询公司。我全面接手成美的业务。

办法总是有的，特别是有我的哥们儿黄翔在。他是我在市场部巡检终端时结识的，一个高大阳光、会一口流利广东话的大男生。他有想法又肯努力，所管辖范围内的店铺终端形象整洁、客情关系融洽，还时不时有创新的点子落地，据说大大小小的巡检从没掉过链子，在公司众多的新人中印象分很高。

黄翔业余时间喜欢玩游戏、泡吧喝酒，时常囊中羞涩，朝不保夕。当年我去东莞出差，饭后同事们各自散去，我百无聊赖，他就豪气地号称要带我去消费，摸遍了口袋只找到10元钱，却毫不犹豫地换回了两张旱冰票，塞给我一张。可偏偏我不会滑冰，只好眼巴巴地抽着烟蹲在外面等他。

20世纪90年代末的东莞，是闻名全国的世界工厂，也是男人的天堂。黄翔将其在工作中的钻

第二章
英雄不问出处

研精神也充分发挥在夜间大把的空闲里,将东莞32镇的夜场形态、花色头牌归档整理得井井有条,被我戏封为"东莞夜场地图"。他的业绩也像他麻辣生鲜的生活一般,愈加高歌猛进。

我接手了"定位"这个烫手的山芋后,想到市场找找灵感,第一时间就想到了黄翔,心想这小子灵光,说不定有希望。

又是一晚闷头开会至深夜,散会后我早已是头晕眼花状,满脑子都萦绕着关于定位的大大小小名词。于是我拨通了黄翔的电话,他却在超级喧嚣吵闹背景里,热情大吼:"哥,我在后街,你过来吧,我请你喝酒。"

东莞那条著名的"后街"是一个小镇,居然有大大小小酒店几百家。"全球服务看东莞,东莞服务看后街",我岂能轻易放过这个机会。直接打车奔向后街,迷糊睡醒下车,忽然发现钱包被偷了,打几个电话给他没接,我孤愣愣地站在午夜一点钟灯火辉煌、人声鼎沸的后街,仿佛立足在港片场景中。路边一家广式卤味店挂着"天下第一刀"的招牌，壮硕的大厨师傅举刀剁烧鹅，只见刀光挥舞，上秤分毫不差，据说一天卖500只烧鹅，难怪要通宵达旦。我坐在路边小摊上看得出神。

这时候黄翔过来了，我跳上去直接给了他一拳，说："哥都想破脑袋了，王老吉到底是什么饮料？你却逍遥得很啊。"黄翔倒也识相，马上点了一桌好菜并让俩妹子陪我入座，席间一人一瓶红罐喝起来。其中一个妹子转着罐子，轻描淡写地跟我说："熬夜会上火，喝这个不上火呀。"我把满满一口的烧鹅差点喷出来，高手在民间啊，马上掏出本子记下了。

回到住处后睡意和饿意全无，以熬夜、上火为线索调查市场、排查样本，洋洋洒洒地写出一份概念性的定位提纲。烟抽了一根又一根，每抽一根就放空大脑天马行空地构思，天空渐渐泛起鱼肚白，我望着窗外的灯一盏盏灭掉，心里却愈加亮堂起来！

第二天，我让黄翔又带我来到了后街，白天

这里静悄悄的，为了印证这个定位的想法，我们走访十几家娱乐场所周边的小店，惊奇地发现几乎每家都能一个月卖2000箱货。几个小店老板都提到了"上火"的概念，而且消费的客户也大都是"夜行动物"，我越来越兴奋，黄翔却看得莫名其妙。时至今日这句定位，成就了多少人！在战略高大上的光鲜表面，背后的故事又有几人得知呀！所以说英雄不问出处，战略也是如此。

实话说，最初炒作"上火"概念的是一款香港的草本饮料产品，却未能成功。大概是既有谋事在人的因素，又有成事在天的运道。加多宝赶上了天时地利人和，很快咨询公司在"防上火"的引导下描绘了终端使用的几个主场景：熬夜、唱K、吃火锅，就成为具有代入感的消费环境。

其实，读过《定位》的人都知道，"防上火"哪是定位啊，这就是一个基本功效的介绍。广东有上千个凉茶品牌，哪种凉茶不能预防上火呢？最初，只有岭南人才知道凉茶能清火，别的地方的人还以为凉茶就是隔夜茶呢。世界上食盐有上百种，如加碘盐、低钠盐、钾盐、天然海盐等，恐怕没有哪种食盐会将自己定位成"咸味"吧？

你说"怕上火喝加多宝"，一些追随者恨不得向消费者宣布"下火功能我最牛"。真的这样又要"扑街"了，"怕上火"又不是"治上火"。一款作为饮料卖的凉茶，治上火难道比黄连上清丸还牛？真的出现严重上火的人，都去药店或医院了。

"怕上火喝加多宝"可以有三种解读：

喝加多宝不会导致上火。

喝加多宝可以预防上火。

喝加多宝可以治疗上火。

所以，这句口号妙就妙在一个"怕"字。

定位的研究报告出来后，并不被人看好，而参与其中的每个人却都信心满满。耿一成拍着我的肩膀说："自己的孩子养不大，茶饮料不做了，王老吉照样能行。"除了拿同事开心外，其实大家都有切身感受。自从陈生带队日本考察归来后，开始建立系统分工、环节协作管理体系，从"原先养别人孩子"的粗放型管理，到全心全意为之

第二章
英雄不问出处

投入。2003年的定位报告提出了"防上火的功能饮料"概念,改变了罐装凉茶的中药非连续性创新。目前来看,虽然是对凉茶的合理定位,当时却存在部分争议:预防上火的饮料,北方人为何会喝?争议是为了扩大销售范围找理由。为何加多宝天生会走路,因为它属于品类创始产品,带有天然信任和购买欲望的产品。

新政的推出,总会遇到各种的阻力。俗话说:有人的地方,就有江湖;有利益,就有争斗。笃信佛教的陈生有句名言:"菩萨心肠,霹雳手段。"就是说人与人可以处事圆融,清规戒律却丝毫破不得。所以加多宝内部等级森严,并以出身资历分为广东帮、浙江帮和广药帮。

广东与浙南打法一贯融合,陈生原计划用广州市场训练出来的这支队伍做大全国市场。广东帮已有明确的方向和策略以及真正空白的根据地,而浙南市场依然保持高歌猛进。2003年明确定位后,就演变成了两个新团伙的抗争,广东变成了怕上火帮,而浙南坚持不打上火概念,成了健康家庭帮。而这个时候的江西市场已经初步形成了营销模式，并具备一定的公关能力，队伍也更加强大。

真正的局，就从这个时候开始了。

推荐作者得新书！
博瑞森征稿启事

亲爱的读者朋友：

感谢您选择了博瑞森图书！希望您手中的这本书能给您带来实实在在的帮助！

博瑞森一直致力于发掘好作者、好内容，希望能把您最需要的思想、方法，一字一句地交到您手中，成为专业知识与管理实践的纽带和桥梁。

但是我们也知道，有很多深入企业一线、经验丰富、乐于分享的优秀专家，或者往来奔波没时间，或者缺少专业的写作指导和便捷的出版途径，只能茫然以待……

还有很多在竞争大潮中坚守的企业，有着异常宝贵的实践经验和独特的闪光点，但缺少专业的记录和整理者，无法让企业的经验和故事被更多的人了解、学习、参考……

这些都太遗憾了！

博瑞森非常希望能将这些埋藏的"宝藏"发掘出来，贡献给广大读者，让更多的人得到帮助。

所以，我们真心地邀请您，我们的老读者，帮助我们一起搜寻：

推荐作者。

可以是您自己或您的朋友，只要对本土管理有实践、有思考；可以是您通过网络、杂志、书籍或其他途径了解的某位专家，不管名气大小，只要他的思想和方法曾让您深受启发。

推荐企业。

可以是您自己所在的企业,或者是您熟悉的某家企业,其创业过程、运营经历、产品研发、机制创新,等等。无论企业大小,只要乐于分享、有值得借鉴书写之处。

总之,好内容就是一切!

博瑞森绝非"自费出书",出版项目费用完全由我们承担。您推荐的作者或企业案例一经采用,我们会立刻向您赠送书币100元,可直接换取任何博瑞森图书的纸质版或电子版。

感谢您对本土管理的支持!感谢您对博瑞森图书的帮助!

推荐邮箱:bookgood@126.com

推荐手机:13611149991

1120 本土管理实践与创新论坛

这是由100多位本土管理专家联合创立的企业管理实践学术交流组织,旨在孵化本土管理思想、促进企业管理实践、加强专家间交流与协作。

论坛每年集中力量办好两件大事:第一,"**出一本书**",汇聚一年的思考和实践,把最原创、最前沿、最实战的内容集结成册,贡献给读者;第二,"**办一次会**",每年11月20日本土管理专家们汇聚一堂,碰撞思想、研讨案例、交流切磋、回馈社会。

论坛理事名单(以年龄为序,以示传承之意)

首届常务理事:

彭志雄　曾　伟　施　炜　杨　涛
张学军　郭　晓　程绍珊　胡八一
王祥伍　李志华　陈立云　杨永华

理　事:

卢根鑫　王铁仁　周荣辉　曾令同　陆和平
宋杼宸　张国祥　刘承元　曹子祥　宋新宇
吴越舟　吴　坚　戴欣明　仲昭川　刘春雄
刘祖轲　段继东　何　慕　秦国伟　贺兵一

张小虎	郭　剑	余晓雷	黄中强	朱玉童
沈　坤	阎立忠	张　进	丁兴良	朱仁健
薛宝峰	史贤龙	卢　强	史幼波	叶敦明
王明胤	陈　明	岑立聪	方　刚	何足奇
周　俊	杨　奕	孙行健	孙嘉晖	张东利
郭富才	叶　宁	何　屹	沈　奎	王　超
马宝琳	谭长春	夏惊鸣	张　博	李洪道
胡浪球	孙　波	唐江华	程　翔	刘红明
杨鸿贵	伯建新	高可为	李　蓓	王春强
孔祥云	贾同领	罗宏文	史立臣	李政权
余　盛	陈小龙	尚　锋	邢　雷	余伟辉
李小勇	全怀周	初勇钢	陈　锐	高继中
聂志新	黄　屹	沈　拓	徐伟泽	谭洪华
崔自三	王玉荣	蒋　军	侯军伟	黄润霖
金国华	吴　之	葛新红	周　剑	崔海鹏
柏　夑	唐道明	朱志明	曲宗恺	杜　忠
远　鸣	范月明	刘文新	赵晓萌	张　伟
韩　旭	韩友诚	熊亚柱	孙彩军	刘　雷
王庆云	李少星	俞士耀	丁　昀	黄　磊
罗晓慧	伏泓霖	梁小平	鄢圣安	

企业案例·老板传记		
书名．作者	内容/特色	读者价值
你不知道的加多宝：原市场部高管讲述 曲宗恺 牛玮娜 著	前加多宝高管解读加多宝	全景式解读，原汁原味
收购后怎样有效整合：一个重工业收购整合实录 李少星 著	讲述企业并购后的事	语言轻松活泼，对并购后的企业有借鉴作用
娃哈哈区域标杆：豫北市场营销实录 罗宏文 赵晓萌 等著	本书从区域的角度来写娃哈哈河南分公司豫北市场是怎么进行区域市场营销，成为娃哈哈全国第一大市场、全国增量第一高市场的一些操作方法	参考性、指导性，一线真实资料
像六个核桃一样：打造畅销品的36个简明法则 王超 范萍 著	本书分上下两篇：包括"六个核桃"的营销战略历程和36条畅销法则	知名企业的战略历程极具参考价值，36条法则提供操作方法
六个核桃凭什么：从0过100亿 张学军 著	首部全面揭秘养元六个核桃裂变式成长的巨著	学习优秀企业的成长路径，了解其背后的理论体系
借力咨询：德邦成长背后的秘密 官同良 王祥伍 著	讲述德邦是如何借助咨询公司的力量进行自身与发展的	来自德邦内部的第一线资料，真实、珍贵，令人受益匪浅
解决方案营销实战案例 刘祖轲 著	用10个真案例讲明白什么是工业品的解决方案式营销，实战、实用	有干货、真正操作过的才能写得出来
招招见销量的营销常识 刘文新 著	如何让每一个营销动作都直指销量	适合中小企业，看了就能用
我们的营销真案例 联纵智达研究院 著	五芳斋粽子从区域到全国/诺贝尔瓷砖门店销量提升/利豪家具出口转内销/汤臣倍健的营销模式	选择的案例都很有代表性，实在、实操！
中国营销战实录：令人拍案叫绝的营销真案例 联纵智达 著	51个案例，42家企业，38万字，18年，累计2000余人次参与……	最真实的营销案例，全是一线记录，开阔眼界
双剑破局：沈坤营销策划案例集 沈坤 著	双剑公司多年来的精选案例解析集，阐述了项目策划中每一个营销策略的诞生过程，策划角度和方法	一线真实案例，与众不同的策划角度令人拍案叫绝、受益匪浅

续表

	书名·作者	内容/特色	读者价值
企业案例·老板传记	宗：一位制造业企业家的思考 杨涛 著	1993年创业，引领企业平稳发展20多年，分享独到的心得体会	难得的一本老板分享经验的书
	简单思考：AMT咨询创始人自述 孔祥云 著	著名咨询公司（AMT）的CEO创业历程中点点滴滴的经验与思考	每一位咨询人，每一位创业者和管理经营者，都值得一读
	边干边学做老板 黄中强 著	创业20多年的老板，有经验、能写、又愿意分享，这样的书很少	处处共鸣，帮助中小企业老板少走弯路
	三四线城市超市如何快速成长：解密甘雨亭 IBMG国际商业管理集团 著	国内外标杆企业的经验+本土实践量化数据+操作步骤、方法	通俗易懂，行业经验丰富，宝贵的行业量化数据，关键思路和步骤
	中国首家未来超市：解密安徽乐城 IBMG国际商业管理集团 著	本书深入挖掘了安徽乐城超市的试验案例，为零售企业未来的发展提供了一条可借鉴之路	通俗易懂，行业经验丰富，宝贵的行业量化数据，关键思路和步骤

互联网+

	书名·作者	内容/特色	读者价值
互联网+	互联网时代的银行转型 韩友诚 著	以大量案例形式为读者全面展示和分析了银行的互联网金融转型应对之道	结合本土银行转型发展案例的书籍
	正在发生的转型升级·实践 本土管理实践与创新论坛 著	企业在快速变革期所展现出的管理变革新成果、新方法、新案例	重点突出对于未来企业管理相关领域的趋势研判
	触发需求：互联网新营销样本·水产 何足奇 著	传统产业都在苦闷中挣扎前行，本书通过鲜活的案例告诉你如何以需求链整合供应链，从而把大家熟知的传统行业打碎了重构、重做一遍	全是干货，值得细读学习，并且作者的理论已经经过了他亲自操刀的实践检验，效果惊人，就在书中全景展示
	移动互联新玩法：未来商业的格局和趋势 史贤龙 著	传统商业、电商、移动互联，三个世界并存，这种新格局的玩法一定要懂	看清热点的本质，把握行业先机，一本书搞定移动互联网
	微商生意经：真实再现33个成功案例操作全程 伏泓霖 罗晓慧 著	本书为33个真实案例，分享案例主人公在做微商过程中的经验教训	案例真实，有借鉴意义

续表

	书名·作者	内容/特色	读者价值
互联网+	阿里巴巴实战运营——14招玩转诚信通 聂志新 著	本书主要介绍阿里巴巴诚信通的十四个基本推广操作,从而帮助使用诚信通的用户及企业更好地提升业绩	基本操作,很多可以边学边用,简单易学
	今后这样做品牌:移动互联时代的品牌营销策略 蒋 军 著	与移动互联紧密结合,告诉你老方法还能不能用,新方法怎么用	今后这样做品牌就对了
	互联网+"变"与"不变":本土管理实践与创新论坛集萃.2016 本土管理实践与创新论坛 著	本土管理领域正在产生自己独特的理论和模式,尤其在移动互联时代,有很多新课题需要本土专家们一起研究	帮助读者拓宽眼界、突破思维
	创造增量市场:传统企业互联网转型之道 刘红明 著	传统企业需要用互联网思维去创造增量,而不是用电子商务去转移传统业务的存量	教你怎么在"互联网+"的海洋中创造实实在在的增量
	重生战略:移动互联网和大数据时代的转型法则 沈 拓 著	在移动互联网和大数据时代,传统企业转型如同生命体打算与再造,称之为"重生战略"	帮助企业认清移动互联网环境下的变化和应对之道
	画出公司的互联网进化路线图:用互联网思维重塑产品、客户和价值 李 蓓 著	18个问题帮助企业一步步梳理出互联网转型思路	思路清晰、案例丰富,非常有启发性
	7个转变,让公司3年胜出 李 蓓 著	消费者主权时代,企业该怎么办	这就是互联网思维,老板有这样想,肯定倒不了
	跳出同质思维,从跟随到领先 郭 剑 著	66个精彩案例剖析,帮助老板突破行业长期思维惯性	做企业竟然有这么多玩法,开眼界

行业类:零售、白酒、食品/快消品、农业、医药、建材家居等

	书名·作者	内容/特色	读者价值
零售·超市·餐饮·服装·汽车	1. 总部有多强大,门店就能走多远 2. 超市卖场定价策略与品类管理 3. 连锁零售企业招聘与培训破解之道 4. 中国首家未来超市:解密安徽乐城 5. 三四线城市超市如何快速成长:解密甘雨亭 IBMG国际商业管理集团 著	国内外标杆企业的经验+本土实践量化数据+操作步骤、方法	通俗易懂,行业经验丰富,宝贵的行业量化数据,关键思路和步骤

续表

零售·超市·餐饮·服装·汽车	涨价也能卖到翻 村松达夫 【日】	提升客单价的15种实用、有效的方法	日本企业在这方面非常值得学习和借鉴
	移动互联下的超市升级 联商网专栏频道 著	深度解析超市转型升级重点	帮助零售企业把握全局、看清方向
	手把手教你做专业督导：专卖店、连锁店 熊亚柱 著	从督导的职能、作用，在工作中需要的专业技能、方法，都提供了详细的解读和训练办法，同时附有大量的表单工具	无论是店铺需要统一培训，还是个人想成为优秀的督导，有这一本就够了
	零售百货全渠道营销策略 陈继展 著	没有照本宣科、说教式的絮叨，只有笔者对行业的认知与理解，庖丁解牛式的逐项解析、展开	通俗易懂，花极少的时间快速掌握该领域的知识及趋势
	零售：把客流变成购买力 丁昀 著	如何通过不断升级产品和体验式服务来经营客流	如何进行体验营销，国外的好经营，这方面有启发
	餐饮企业经营策略第一书 吴坚 著	分别从产品、顾客、市场、盈利模式等几个方面，对现阶段餐饮企业的发展提出策略和思路	第一本专业的、高端的餐饮企业经营指导书
	赚不赚钱靠店长：从懂管理到会经营 孙彩军 著	通过生动的案例来进行剖析，注重门店管理细节方面的能力提升	帮助终端门店店长在管理门店的过程中实现经营思路的拓展与突破
	汽车配件这样卖：汽车后市场销售秘诀100条 俞士耀 著	汽配销售业务员必读，手把手教授最实用的方法，轻松得来好业绩	快速上岗，专业实效，业绩无忧
耐消品	跟行业老手学经销商开发与管理：家电、耐消品、建材家居 黄润霖 著	全部来源于经销商管理的一线问题，作者用丰富的经验将每一个问题落实到最便捷快速的操作方法上去	书中每一个问题都是普通营销人亲口提出的，这些问题你也会遇到，作者进行的解答则精彩实用
白酒	变局下的白酒企业重构 杨永华 著	帮助白酒企业从产业视角看清趋势，找准位置，实现弯道超车的书	行业内企业要减少90%，自己在什么位置，怎么做，都清楚了

续表

白酒	1. 白酒营销的第一本书（升级版） 2. 白酒经销商的第一本书 唐江华 著	华泽集团湖南开口笑公司品牌部长，擅长酒类新品推广、新市场拓展	扎根一线，实战
	区域型白酒企业营销必胜法则 朱志明 著	为区域型白酒企业提供35条必胜法则，在竞争中赢销的葵花宝典	丰富的一线经验和深厚积累，实操实用
	10步成功运作白酒区域市场 朱志明 著	白酒区域操盘者必备，掌握区域市场运作的战略、战术、兵法	在区域市场的攻伐防守中运筹帷幄，立于不败之地
	酒业转型大时代：微酒精选2014—2015 微酒 主编	本书分为五个部分：当年大事件、那些酒业营销工具、微酒独立策划、业内大调查和十大经典案例	了解行业新动态、新观点，学习营销方法
快消品·食品	乳业营销第一书 侯军伟 著	对区域乳品企业生存发展关键性问题的梳理	唯一的区域乳业营销书，区域乳品企业一定要看
	食用油营销第一书 余 盛 著	10多年油脂企业工作经验，从行业到具体实操	食用油行业第一书，当之无愧
	中国茶叶营销第一书 柏 龑 著	如何跳出茶行业"大文化小产业"的困境，作者给出了自己的观察和思考	不是传统做茶的思路，而是现在商业做茶的思路
	调味品营销第一书 陈小龙 著	国内唯一一本调味品营销的书	唯一的调味品营销的书，调味品的从业者一定要看
	快消品营销人的第一本书：从入门到精通 刘 雷 伯建新 著	快消行业必读书，从入门到专业	深入细致，易学易懂
	变局下的快消品营销实战策略 杨永华 著	通胀了，成本增加，如何从被动应战变成主动的"系统战"	作者对快消品行业非常熟悉，非常实战
	快消品经销商如何快速做大 杨永华 著	本书完全从实战的角度，评述现象，解析误区，揭示原理，传授方法	为转型期的经销商提供了解决思路，指出了发展方向
	一位销售经理的工作心得 蒋 军 著	一线营销管理人员想提升业绩却无从下手时，可以看看这本书	一线的真实感悟
	快消品营销：一位销售经理的工作心得2 蒋 军 著	快消品、食品饮料营销的经验之谈，重点图书	来源与实战的精华总结

续表

农业	快消品营销与渠道管理 谭长春 著	将快消品标杆企业渠道管理的经验和方法分享出来	可口可乐、华润的一些具体的渠道管理经验,实战
	成为优秀的快消品区域经理(升级版) 伯建新 著	用"怎么办"分析区域经理的工作关键点,增加30%全新内容,更贴近环境变化	可以作为区域经理的"速成催化器"
	销售轨迹:一位快消品营销总监的拼搏之路 秦国伟 著	本书讲述了一个普通销售员打拼成为跨国企业营销总监的真实奋斗历程	激励人心,给广大销售员以力量和鼓舞
	快消老手都在这样做:区域经理操盘锦囊 方刚 著	非常接地气,全是多年沉淀下来的干货,丰富的一线经验和实操方法不可多得	在市场摸爬滚打的"老油条",那些独家绝妙招一般你问都是问不来的
	动销四维:全程辅导与新品上市 高继中 著	从产品、渠道、促销和新品上市详细讲解提高动销的具体方法,总结作者18年的快消品行业经验,方法实操	内容全面系统,方法实操
	中国牧场管理实战:畜牧业、乳业必读 黄剑黎 著	本书不仅提供了来自一线的实际经验,还收入了丰富的工具文档与表单	填补空白的行业必读作品
	中小农业企业品牌战法 韩旭 著	将中小农业企业品牌建设的方法,从理论讲到实践,具有指导性	全面把握品牌规划,传播推广,落地执行的具体措施
	农资营销实战全指导 张博 著	农资如何向"深度营销"转型,从理论到实践进行系统剖析,经验资深	朴实、使用!不可多得的农资营销实战指导
	农产品营销第一书 胡浪球 著	从农业企业战略到市场开拓、营销、品牌、模式等	来源于实践中的思考,有启发
	变局下的农牧企业9大成长策略 彭志雄 著	食品安全、纵向延伸、横向联合、品牌建设……	唯一的农牧企业经营实操的书,农牧企业一定要看
医药	新医改下的医药营销与团队管理 史立臣 著	探讨新医改对医药行业的系列影响和医药团队管理	帮助理清思路,有一个框架
	医药营销与处方药学术推广 马宝琳 著	如何用医学策划把"平民产品"变成"明星产品"	有真货、讲真话的作者,堪称处方药营销的经典!
	新医改了,药店就要这样开 尚锋 著	药店经营、管理、营销全攻略	有很强的实战性和可操作性

续表

分类	书名/作者	内容简介	评价
医药	电商来了,实体药店如何突围 尚锋 著	电商崛起,药店该如何突围?本书从促销、会员服务、专业性、客单价等多重角度给出了指导方向	实战攻略,拿来就能用
医药	在中国,医药营销这样做:时代方略精选文集 段继东 主编	专注于医药营销咨询15年,将医药营销方法的精华文章合编,深入全面	可谓医药营销领域的顶尖著作,医药界读者的必读书
医药	OTC医药代表药店销售36计 鄢圣安 著	以《三十六计》为线,写OTC医药代表向药店销售的一些技巧与策略	案例丰富,生动真实,实操性强
医药	OTC医药代表药店开发与维护 鄢圣安 著	要做到一名专业的医药代表,需要做什么、准备什么、知识储备、操作技巧等	医药代表药店拜访的指导手册,手把手教你快速上手
医药	引爆药店成交率1:店员导购实战 范月明 著	一本书解决药店导购所有难题	情景化、真实化、实战化
医药	引爆药店成交率2:经营落地实战 范月明 著	最接地气的经营方法全指导	揭示了药店经营的几类关键问题
医药	医药企业转型升级战略 史立臣 著	药企转型升级有5大途径,并给出落地步骤及风险控制方法	实操性强,有作者个人经验总结及分析
建材家居	建材家居营销实务 程绍珊 杨鸿贵 主编	价值营销运用到建材家居,每一步都让客户增值	有自己的系统、实战
建材家居	建材家居门店销量提升 贾同领 著	店面选址、广告投放、推广助销、空间布局、生动展示、店面运营等	门店销量提升是一个系统工程,非常系统、实战
建材家居	10步成为最棒的建材家居门店店长 徐伟泽 著	实际方法易学易用,让员工能够迅速成长,成为独当一面的好店长	只要坚持这样干,一定能成为好店长
建材家居	手把手帮建材家居导购业绩倍增:成为顶尖的门店店员 熊亚柱 著	生动的表现形式,让普通人也能成为优秀的导购员,让门店业绩长红	读着有趣,用着简单,一本在手、业绩无忧
建材家居	建材家居经销商实战42章经 王庆云 著	告诉经销商:老板怎么当、团队怎么带、生意怎么做	忠言逆耳,看着不舒服就对了,实战总结,用一招半式就值了
工业品	销售是门专业活:B2B、工业品 陆和平 著	销售流程就应该跟着客户的采购流程和关注点的变化向前推进,将一个完整的销售过程分成十个阶段,提供具体方法	销售不是请客吃饭拉关系,是个专业的活计!方法在手,走遍天下不愁

续表

工业品	解决方案营销实战案例 刘祖轲 著	用10个真案例讲明白什么是工业品的解决方案式营销,实战、实用	有干货、真正操作过的才能写得出来
	变局下的工业品企业7大机遇 叶敦明 著	产业链条的整合机会、盈利模式的复制机会、营销红利的机会、工业服务商转型机会……	工业品企业还可以这样做,思维大突破
	工业品市场部实战全指导 杜 忠 著	工业品市场部经理工作内容全指导	系统、全面、有理论、有方法,帮助工业品市场部经理更快提升专业能力
	工业品营销管理实务 李洪道 著	中国特色工业品营销体系的全面深化、工业品营销管理体系优化升级	工具更实战,案例更鲜活,内容更深化
	工业品企业如何做品牌 张东利 著	为工业品企业提供最全面的品牌建设思路	有策略、有方法、有思路、有工具
	丁兴良讲工业4.0 丁兴良 著	没有枯燥的理论和说教,用朴实直白的语言告诉你工业4.0的全貌	工业4.0是什么?本书告诉你答案
	资深大客户经理:策略准,执行狠 叶敦明 著	从业务开发、发起攻势、关系培育、职业成长四个方面,详述了大客户营销的精髓	满满的全是干货
	一切为了订单:订单驱动下的工业品营销实战 唐道明 著	其实,所有的企业都在围绕着两个字在开展全部的经营和管理工作,那就是"订单"	开发订单、满足订单、扩大订单。本书全是实操方法,字字珠玑、句句干货,教你获得营销的胜利
金融	交易心理分析 (美)马克·道格拉斯 著 刘真如 译	作者一语道破赢家的思考方式,并提供了具体的训练方法	不愧是投资心理的第一书,绝对经典
	精品银行管理之道 崔海鹏 何屹 主编	中小银行转型的实战经验总结	中小银行的教材很多,实战类的书很少,可以看看
	支付战争 Eric M. Jackson 著 徐彬 王晓 译	PayPal创业期营销官,亲身讲述PayPal从诞生到壮大到成功出售的整个历史	激烈、有趣的内幕商战故事!了解美国支付市场的风云巨变
房地产	产业园区/产业地产规划、招商、运营实战 阎立忠 著	目前中国第一本系统解读产业园区和产业地产建设运营的实战宝典	从认知、策划、招商到运营全面了解地产策划

续表

	书名．作者	内容/特色	读者价值
房地产	人文商业地产策划 戴欣明 著	城市与商业地产战略定位的关键是不可复制性，要发现独一无二的"味道"	突破千城一面的策划困局
	电影院的下一个黄金十年：开发·差异化·案例 李保煜 著	对目前电影院市场存大的问题及如何解决进行了探讨与解读	多角度了解电影院运营方式及代表性案例

经营类：企业如何赚钱，如何抓机会，如何突破，如何"开源"

	书名．作者	内容/特色	读者价值
抓方向	让经营回归简单．升级版 宋新宇 著	化繁为简抓住经营本质：战略、客户、产品、员工、成长	经典，做企业就这几个关键点！
	活系统：跟任正非学当老板 孙行健 尹贤 著	以任正非的独到视角，教企业老板如何经营公司	看透公司经营本质，激活企业活力
	公司由小到大要过哪些坎 卢强 著	老板手里的一张"企业成长路线图"	现在我在哪儿，未来还要走哪些路，都清楚了
	企业二次创业成功路线图 夏惊鸣 著	企业曾经抓住机会成功了，但下一步该怎么办？	企业怎样获得第二次成功，心里有个大框架了
	老板经理人双赢之道 陈明 著	经理人怎养选平台、怎么开局，老板怎样选/育/用/留	老板生闷气，经理人牢骚大，这次知道该怎么办了
	简单思考：AMT 咨询创始人自述 孔祥云 著	著名咨询公司（AMT）的CEO创业历程中点点滴滴的经验与思考	每一位咨询人，每一位创业和管理经营者，都值得一读
	企业文化的逻辑 王祥伍 黄健江 著	为什么企业绩效如此不同，解开绩效背后的文化密码	少有的深刻，有品质，读起来很流畅
	使命驱动企业成长 高可为 著	钱能让一个人今天努力，使命能让一群人长期努力	对于想做事业的人，'使命'是绕不过去的
思维突破	移动互联新玩法：未来商业的格局和趋势 史贤龙 著	传统商业、电商、移动互联，三个世界并存，这种新格局的玩法一定要懂	看清热点的本质，把握行业先机，一本书搞定移动互联网
	移动互联新玩法：未来商业的格局和趋势 史贤龙 著	传统商业、电商、移动互联，三个世界并存，这种新格局的玩法一定要懂	看清热点的本质，把握行业先机，一本书搞定移动互联网

续表

	书名/作者	内容简介	特点
思维突破	画出公司的互联网进化路线图：用互联网思维重塑产品、客户和价值 李蓓 著	18个问题帮助企业一步步梳理出互联网转型思路	思路清晰、案例丰富，非常有启发性
	重生战略：移动互联网和大数据时代的转型法则 沈拓 著	在移动互联网和大数据时代，传统企业转型如同生命体打算与再造，称之为"重生战略"	帮助企业认清移动互联网环境下的变化和应对之道
	创造增量市场：传统企业互联网转型之道 刘红明 著	传统企业需要用互联网思维去创造增量，而不是用电子商务去转移传统业务的存量	教你怎么在"互联网+"的海洋中创造实实在在的增量
	7个转变，让公司3年胜出 李蓓 著	消费者主权时代，企业该怎么办	这就是互联网思维，老板有能这样想，肯定倒不了
	跳出同质思维，从跟随到领先 郭剑 著	66个精彩案例剖析，帮助老板突破行业长期思维惯性	做企业竟然有这么多玩法，开眼界
	麻烦就是需求　难题就是商机 卢根鑫 著	如何借助客户的眼睛发现商机	什么是真商机，怎么判断、怎么抓，有借鉴
	互联网+"变"与"不变"：本土管理实践与创新论坛集萃·2016 本土管理实践与创新论坛 著	加速本土管理思想的孕育诞生，促进本土管理创新成果更好地服务企业、贡献社会	各个作者本年度最新思想，帮助读者拓宽眼界、突破思维
财务	写给企业家的公司与家庭财务规划——从创业成功到富足退休 周荣辉 著	本书以企业的发展周期为主线，写各阶段企业与企业主家庭的财务规划	为读者处理人生各阶段企业与家庭的财务问题提供建议及方法，让家庭成员真正享受财富带来的益处
	互联网时代的成本观 程翔 著	本书结合互联网时代提出了成本的多维观，揭示了多维组合成本的互联网精神和大数据特征，论述了其产生背景、实现思路和应用价值	在传统成本观下为盈利的业务，在新环境下也许就成为亏损业务。帮助管理者从新的角度来看待成本，进一步做好精益管理

续表

管理类:效率如何提升,如何实现经营目标,如何"节流"			
	书名.作者	内容/特色	读者价值
通用管理	1. 让管理回归简单.升级版 2. 让经营回归简单.升级版 3. 让用人回归简单 宋新宇 著	宋博士的"简单"三部曲,影响20万读者,非常经典	被读者热情地称作"中小企业的管理圣经"
	管理:以规则驾驭人性 王春强 著	详细解读企业规则的制定方法	从人与人博弈角度提升管理的有效性
	员工心理学超级漫画版 邢雷 著	以漫画的形式深度剖析员工心理	帮助管理者更了解员工,从而更轻松地管理员工
	分股合心:股权激励这样做 段磊 周剑 著	通过丰富的案例,详细介绍了股权激励的知识和实行方法	内容丰富全面、易读易懂,了解股权激励,有这一本就够了
	边干边学做老板 黄中强 著	创业20多年的老板,有经验、能写、又愿意分享,这样的书很少	处处共鸣,帮助中小企业老板少走弯路
	中国式阿米巴落地实践之从交付到交易 胡八一 著	本书主要讲述阿米巴经营会计,"从交付到交易",这是成功实施了阿米巴的标志	阿米巴经营会计的工作是有逻辑关联的,一本书就能搞定
	集团化企业阿米巴实战案例 初勇钢 著	一家集团化企业阿米巴实施案例	指导集团化企业系统实施阿米巴
	阿米巴经营的中国模式 李志华 著	让员工从"要我干"到"我要干",价值量化出来	阿米巴在企业如何落地,明白思路了
通用管理	中国式阿米巴落地实践之激活组织 胡八一 著	重点讲解如何科学划分阿米巴单元,阐述划分的实操要领、思路、方法、技术与工具	最大限度减少"推行风险"和"摸索成本",利于公司成功搭建适合自身的个性化阿米巴经营体系
	欧博心法:好管理靠修行 曾伟 著	用佛家的智慧,深刻剖析管理问题,见解独到	如果真的有'中国式管理',曾老师是其中标志性人物

续表

流程管理	1. 用流程解放管理者 2. 用流程解放管理者2 张国祥　著	中小企业阅读的流程管理、企业规范化的书	通俗易懂，理论和实践的结合恰到好处
	跟我们学建流程体系 陈立云　著	畅销书《跟我们学做流程管理》系列，更实操，更细致，更深入	更多地分享实践，分享感悟，从实践总结出来的方法论
质量管理	五大质量工具详解及运用案例：APQP/FMEA/PPAP/MSA/SPC 谭洪华　著	对制造业必备的五大质量工具中每个文件的制作要求、注意事项、制作流程、成功案例等进行了解读	通俗易懂、简便易行，能真正实现学以致用
	1. ISO9001:2015新版质量管理体系详解与案例文件汇编 2. ISO14001:2015新版环境管理体系详解与案例文件汇编 谭洪华　著	紧密围绕2015新版，逐条详细解读，工具也可以直接套用，易学易上手	企业认证、内审必备
战略落地	重生——中国企业的战略转型 施　炜　著	从前瞻和适用的角度，对中国企业战略转型的方向、路径及策略性举措提出了一些概要性的建议和意见	对企业有战略指导意义
	公司大了怎么管：从靠英雄到靠组织 AMT 金国华　著	第一次详尽阐释中国快速成长型企业的特点、问题及解决之道	帮助快速成长型企业领导及管理团队理清思路，突破瓶颈
	低效会议怎么改：每年节省一半会议成本的秘密 AMT 王玉荣　著	教你如何系统规划公司的各级会议，一本工具书	教会你科学管理会议的办法
	年初订计划，年尾有结果：战略落地七步成诗 AMT 郭晓　著	7个步骤教会你怎么让公司制定的战略转变为行动	系统规划，有效指导计划实现
人力资源	回归本源看绩效 孙　波　著	让绩效回顾"改进工具"的本源，真正为企业所用	确实是来源于实践的思考，有共鸣
	世界500强资深培训经理人教你做培训管理 陈　锐　著	从7大角度具体细致地讲解了培训管理的核心内容	专业、实用、接地气
	曹子祥教你做激励性薪酬设计 曹子祥　著	以激励性为指导，系统性地介绍了薪酬体系及关键岗位的薪酬设计模式	深入浅出，一本书学会薪酬设计
	曹子祥　著	复杂的理论通俗化，专业的知识简单化，企业绩效管理共性问题的解决方案	轻松掌握绩效管理

续表

分类	书名/作者	内容简介	推荐理由
人力资源	曹子祥教你做绩效管理 把招聘做到极致 远 鸣 著	作为世界500强高级招聘经理,作者数十年招聘经验的总结分享	带来职场思考境界的提升和具体招聘方法的学习
	人才评价中心·超级漫画版 邢 雷 著	专业的主题,漫画的形式,只此一本	没想到一本专业的书,能写成这效果
	走出薪酬管理误区 全怀周 著	剖析薪酬管理的8大误区,真正发挥好枢纽作用	值得企业深读的实用教案
	集团化人力资源管理实践 李小勇 著	对搭建集团化的企业很有帮助,务实,实用	最大的亮点不是理论,而是结合实际的深入剖析
	我的人力资源咨询笔记 张 伟 著	管理咨询师的视角,思考企业的HR管理	通过咨询师的眼睛对比很多企业,有启发
	本土化人力资源管理8大思维 周 剑 著	成熟HR理论,在本土中小企业实践中的探索和思考	对企业的现实困境有真切体会,有启发
企业文化	HRBP是这样炼成的之"菜鸟起飞" 新 海 著	以小说的形式,具体解析HRBP的职责,应该如何操作,如何为业务服务	实践者的经验分享,内容实务具体,形式有趣
	华夏基石方法:企业文化落地本土实践 王祥伍 谭俊峰 著	十年积累、原创方法、一线资料,和盘托出	在文化落地方面真正有洞察,有实操价值的书
	企业文化的逻辑 王祥伍 著	为什么企业之间如此不同,解开绩效背后的文化密码	少有的深刻,有品质,读起来很流畅
	企业文化激活沟通 宋杼宸 安 琪 著	透过新任HR总经理的眼睛,揭示出沟通与企业文化的关系	有实际指导作用的文化落地读本
	在组织中绽放自我:从专业化到职业化 朱仁健 王祥伍 著	个人如何融入组织,组织如何助力个人成长	帮助企业员工快速认同并投入到组织中去,为企业发展贡献力量
	企业文化定位·落地一本通 王明胤 著	把高深枯燥的专业理论创建成一套系统化、实操化、简单化的企业文化缔造方法	对企业文化不了解,不会做?有这一本从概念到实操,就够了
生产管理	看懂精益5S的300张现场图 乐 涛 编著	5S现场实操详解	案例图解,易懂易学

续表

生产管理	高员工流失率下的精益生产 余伟辉　著	中国的精益生产必须面对和解决高员工流失率问题	确实来源于本土的工厂车间,很务实
	车间人员管理那些事儿 岑立聪　著	车间人员管理中处理各种"疑难杂症"的经验和方法	基层车间管理者最闹心、头疼的事,'打包'解决
	1. 欧博心法:好管理靠修行 2. 欧博心法:好工厂这样管 曾　伟　著	他是本土最大的制造业管理咨询机构创始人,他从400多个项目、上万家企业实践中锤炼出的欧博心法	中小制造型企业,一定会有很强的共鸣
	欧博工厂案例1:生产计划管控对话录 欧博工厂案例2:品质技术改善对话录 欧博工厂案例3:员工执行力提升对话录 曾　伟　著	最典型的问题、最详尽的解析,工厂管理9大问题27个经典案例	没想到说得这么细,超出想象,案例很典型,照搬都可以了
	苦中得乐:管理者的第一堂必修课 曾　伟　编著	曾伟与师傅大愿法师的对话,佛学与管理实践的碰撞,管理禅的修行之道	用佛学最高智慧看透管理
	比日本工厂更高效1:管理提升无极限 刘承元　著	指出制造型企业管理的六大积弊;颠覆流行的错误认知;掌握精益管理的精髓	每一个企业都有自己不同的问题,管理没有一剑封喉的秘笈,要从现场、现物、现实出发
	比日本工厂更高效2:超强经营力 刘承元　著	企业要获得持续盈利,就要开源和节流,即实现销售最大化,费用最小化	掌握提升工厂效率的全新方法
	比日本工厂更高效3:精益改善力的成功实践 刘承元　著	工厂全面改善系统有其独特的目的取向特征,着眼于企业经营体质(持续竞争力)的建设与提升	用持续改善力来飞速提升工厂的效率,高效率能够带来意想不到的高效益
	3A顾问精益实践1:IE与效率提升 党新民　苏迎斌　蓝旭日　著	系统的阐述了IE技术的来龙去脉以及操作方法	使员工与企业持续获利
	3A顾问精益实践2:JIT与精益改善 肖志军　党新民　著	只在需要的时候,按需要的量,生产所需的产品	提升工厂效率

续表

	书名.作者	内容/特色	读者价值
员工素质提升	手把手教你做专业督导：专卖店、连锁店 熊亚柱 著	从督导的职能、作用，在工作中需要的专业技能、方法，都提供了详细的解读和训练办法，同时附有大量的表单工具	无论是店铺需要统一培训，还是个人想成为优秀的督导，有这一本就够了
	跟老板"偷师"学创业 吴江萍 余晓雷 著	边学边干，边观察边成长，你也可以当老板	不同于其他类型的创业书，让你在工作中积累创业经验，一举成功
	销售轨迹：一位快消品营销总监的拼搏之路 秦国伟 著	本书讲述了一个普通销售员打拼成为跨国企业营销总监的真实奋斗历程	激励人心，给广大销售员以力量和鼓舞
	在组织中绽放自我：从专业化到职业化 朱仁健 王祥伍 著	个人如何融入组织，组织如何助力个人成长	帮助企业员工快速认同并投入到组织中去，为企业发展贡献力量
	企业员工弟子规：用心做小事，成就大事业 贾同领 著	从传统文化《弟子规》中学习企业中为人处事的办法，从自身做起	点滴小事，修养自身，从自身的改善得到事业的提升
	手把手教你做顶尖企业内训师：TTT培训师宝典 熊亚柱 著	从课程研发到现场把控、个人提升都有涉及，易读易懂，内容丰富全面	想要做企业内训师的员工有福了，本书教你如何抓住关键，从入门到精通

营销类：把客户需求融入企业各环节，提供"客户认为"有价值的东西

	书名.作者	内容/特色	读者价值
营销模式	洞察人性的营销战术：沈坤教你28式 沈坤 著	28个匪夷所思的营销怪招令人拍案叫绝，涉及商业竞争的方方面面，大部分战术可以直接应用到企业营销中	各种谋略得益于作者的横向思维方式，将其操作过的案例结合其中，提供的战术对读者有参考价值
	动销操盘：节奏掌控与社群时代新战法 朱志明 著	在社群时代把握好产品生产销售的节奏，解析动销的症结，寻找动销的规律与方法	都是易读易懂的干货！对动销方法的全面解析和操盘
	变局下的营销模式升级 程绍珊 叶宁 著	客户驱动模式、技术驱动模式、资源驱动模式	很多行业的营销模式被颠覆，调整的思路有了！

续表

营销模式	卖轮子 科克斯【美】	小说版的营销学！营销理念巧妙贯穿其中，贵在既有趣，又有深度	经典、有趣！一个故事读懂营销精髓
	弱势品牌如何做营销 李政权　著	中小企业虽有品牌但没名气，营销照样能做的有声有色	没有丰富的实操经验，写不出这么具体、详实的案例和步骤，很有启发
	老板如何管营销 史贤龙　著	高段位营销16招，好学好用	老板能看，营销人也能看
	动销：产品是如何畅销起来的 吴江萍　余晓雷　著	真真切切告诉你，产品究竟怎么才能卖出去	击中痛点，提供方法，你值得拥有
	资深大客户经理：策略准，执行狠 叶敦明　著	从业务开发、发起攻势、关系培育、职业成长四个方面，详述了大客户营销的精髓	满满的全是干货
	成为资深的销售经理：B2B、工业品 陆和平　著	围绕"销售管理的六个关键控制点"——展开，提供销售管理的专业、高效方法	方法和技术接地气，拿来就用，从销售员成长为经理不再犯难
	销售是门专业活：B2B、工业品 陆和平　著	销售流程就应该跟着客户的采购流程和关注点的变化向前推进，将一个完整的销售过程分成十个阶段，提供具体方法	销售不是请客吃饭拉关系，是个专业的活计！方法在手，走遍天下不愁
	向高层销售：与决策者有效打交道 贺兵一　著	一套完整有效的销售策略	有工具，有方法，有案例，通俗易懂
	卖轮子 科克斯【美】	小说版的营销学！营销理念巧妙贯穿其中，贵在既有趣，又有深度	经典、有趣！一个故事读懂营销精髓
	学话术　卖产品 张小虎　著	分析常见的顾客异议，将优秀的话术模块化	让普通导购员也能成为销售精英
组织和团队	升级你的营销组织 程绍珊　吴越舟　著	用"有机性"的营销组织替代"营销能人"，营销团队变成"铁营盘"	营销队伍最难管，程老师不愧是营销第1操盘手，步骤方法都很成熟
	用数字解放营销人 黄润霖　著	通过量化帮助营销人员提高工作效率	作者很用心，很好的常备工具书

续表

组织和团队	成为优秀的快消品区域经理(升级版) 伯建新 著	用"怎么办"分析区域经理的工作关键点,增加30%全新内容,更贴近环境变化	可以作为区域经理的"速成催化器"
	一位销售经理的工作心得 蒋军 著	一线营销管理人员想提升业绩却无从下手时,可以看看这本书	一线的真实感悟
	快消品营销:一位销售经理的工作心得2 蒋军 著	快消品、食品饮料营销的经验之谈,重点突出	来源于实战的精华总结
	销售轨迹:一位快消品营销总监的拼搏之路 秦国伟 著	本书讲述了一个普通销售员打拼成为跨国企业营销总监的真实奋斗历程	激励人心,给广大销售员以力量和鼓舞
	用营销计划锁定胜局:用数字解放营销人2 黄润霖 著	全方位教你怎么做好营销计划,好学好用真简单	照搬套用就行,做营销计划再也不头痛
	快消品营销人的第一本书:从入门到精通 刘雷 伯建新 著	快消行业必读书,从入门到专业	深入细致,易学易懂
产品	产品炼金术Ⅰ:如何打造畅销产品 史贤龙 著	满足不同阶段、不同体量、不同行业企业对产品的完整需求	必须具备的思维和方法,避免在产品问题上走弯路
	产品炼金术Ⅱ:如何用产品驱动企业成长 史贤龙 著	做好产品、关注产品的品质,就是企业成功的第一步	必须具备的思维和方法,避免在产品问题上走弯路
	新产品开发管理,就用IPD 郭富才 著	10年IPD研发管理咨询总结,国内首部IPD专业著作	一本书掌握IPD管理精髓
品牌	中小企业如何建品牌 梁小平 著	中小企业建品牌的入门读本,通俗、易懂	对建品牌有了一个整体框架
	采纳方法:破解本土营销8大难题 朱玉童 编著	全面、系统、案例丰富、图文并茂	希望在品牌营销方面有所突破的人,应该看看
	中国品牌营销十三战法 朱玉童 编著	采纳20年来的品牌策划方法,同时配有大量的案例	众包方式写作,丰富案例给人启发,极具价值
	今后这样做品牌:移动互联时代的品牌营销策略 蒋军 著	与移动互联紧密结合,告诉你老方法还能不能用,新方法怎么用	今后这样做品牌就对了
	中小企业如何打造区域强势品牌 吴之 著	帮助区域的中小企业打造自身品牌,如何在强壮自身的基础上往外拓展	梳理误区,系统思考品牌问题,切实符合中小区域品牌的自身特点进行阐述

续表

	书名・作者	内容/特色	读者价值
渠道通路	快消品营销与渠道管理 谭长春 著	将快消品标杆企业渠道管理的经验和方法分享出来	可口可乐、华润的一些具体的渠道管理经验,实战
	传统行业如何用网络拿订单 张进 著	给老板看的第一本网络营销书	适合不懂网络技术的经营决策者看
	采纳方法:化解渠道冲突 朱玉童 编著	系统剖析渠道冲突,21个渠道冲突案例、情景式讲解,37篇讲义	系统、全面
	学话术 卖产品 张小虎 著	分析常见的顾客异议,将优秀的话术模块化	让普通导购员也能成为销售精英
	向高层销售:与决策者有效打交道 贺兵一 著	一套完整有效的销售策略	有工具,有方法,有案例,通俗易懂
	通路精耕操作全解:快消品20年实战精华 周俊 陈小龙 著	通路精耕的详细全解,每一步的具体操作方法和表单全部无保留提供	康师傅二十年的经验和精华,实践证明的最有效方法,教你如何主宰通路

管理者读的文史哲・生活

	书名・作者	内容/特色	读者价值
思想・文化	众生相 仲昭川 著	《互联网黑洞》作者仲昭川的随笔集——纵横宇宙生命,无言参万相。透视各色脸谱,一语破天机	商场或情场的顺心法宝,修道或混世的开悟按钮
	每个中国人身上的春秋基因 史贤龙 著	春秋368年(公元前770-公元前403年),每一个中国人都可以在这段时期的历史中找到自己的祖先,看到真实发生的事件,同时也看到自己	长情商、识人心
	内功太极拳训练教程 王铁仁 编著	杨式(内功)太极拳(俗称老六路)的详细介绍及具体修炼方法,身心的一次升华	书中含有大量图解并有相关视频供读者同步学习
	中医治心脏病 马宝琳 著	引用众多真实案例,客观真实地讲述了中西医对于心脏病的认识及治疗方法	看完这本书,能为您节约10万元医药费
	易经系辞大义 史幼波 著	结合人类社会的各种现象和人与人之间的复杂关系,系统阐述了《系辞》中蕴含的丰富思想	轻松掌握传统智慧精髓,从而达到修身养性的目的

续表

思想·文化	**史幼波中庸讲记(上下册)** 史幼波 著	全面、深入浅出地揭示儒家中庸文化的真谛	儒释道三家思想融汇贯通
	史幼波心经讲记(上下册) 史幼波 著	句句精讲,句句透彻,佛法经典的多角度阐释	通俗易懂,将深刻的教理以浅显的语言讲出来
	史幼波大学讲记 史幼波 著	用儒释道的观点阐释大学的深刻思想	一本书读懂传统文化经典
	史幼波《周子通书》《太极图说》讲记 史幼波 著	把形而上的宇宙、天地,与形而下的社会、人生、经济、文化等融合在一起	将儒家的一整套学修系统融合起来